中国古代传统美德经典故事丛书

绘图义节经典故事

邓启铜 注释

东南大学出版社
SOUTHEAST UNIVERSITY PRESS

图书在版编目（CIP）数据

绘图义节经典故事／邓启铜注释．—南京：东南大学出版社，2015.9
（中国古代传统美德经典故事丛书）
ISBN 978-7-5641-5930-6

Ⅰ.①绘… Ⅱ.①邓… Ⅲ.①品德教育-中国-青少年读物 Ⅳ.①D432.62

中国版本图书馆CIP数据核字(2015)第165372号

绘图义节经典故事

责任编辑 彭克勇
封面设计 林绵华
出版发行 东南大学出版社
社　　址 南京市四牌楼2号　邮编：210096
出 版 人 江建中
网　　址 http://www.seupress.com
印　　刷 东莞市信誉印刷有限公司
开　　本 787mm×1092mm　1/16
印　　张 12.5
字　　数 250千字
版　　次 2015年9月第1版
印　　次 2015年9月第1次印刷
书　　号 ISBN 978-7-5641-5930-6
定　　价 24.80元

东大版图书若有印装质量问题，请直接向营销部调换　电话：025-83791830

前言

中华优秀传统文化是习近平总书记十八大以来治国理念的重要来源。一个国家一个民族的强盛总是以文化兴盛为支撑的，没有文明的继承和发展，没有文化的弘扬和繁荣，就没有中国梦的实现。

目前，举国上下都在践行社会主义核心价值观，即"富强、民主、文明、和谐、自由、平等、公正、法治、爱国、敬业、诚信、友善"，就其本质，与我们中华传统美德提倡的"四维八纲"即"孝悌忠信，礼义廉耻"是一致的。

民国初年，湖州老儒蔡振绅从小受父亲每晚讲一段古人嘉言懿行的故事教诲，他七岁读完《四书》，十岁读毕《五经》，十一岁读完二十一史及《尔雅》诸书，有深厚的学养和德行。当时中国动荡不安，世风愈下，德教沦丧。蔡振绅先生立志将中国传统美德故事按"孝悌忠信，礼义廉耻"汇集起来教化世人，特别是对孩童进行传统美德的教育。他找到志同道合的朋友，以正史中的故事为依据，共集了七百六十八个精彩故事，配上精美版画，再配以诗词教导儿童，这些故事都是精挑细选，可歌可泣，读后感人至深，每则故事后引用当时贤达人士的评语，发人深省。

由于当时时局的动荡，这套《八德须知》未能在社会上广为流布。根据四集自序，当时上海战事忽起，"振绅以二集三万二千部仅寄出三分之一，其已印就而尚未装订者有二万余部在战场之中无法取出……当炮火最烈之日，案前墙垣被震摇动频有崩圮之虞，甚至窗门自动震开，且相离数丈之地发现炸弹一枚亦未爆裂，幸此心未动……。"可以想见此书之不易！所幸三年前我收集到此书，看到如此精美的版画，我惊艳无比！特别是读到这些经典美德故事，让人掩卷沉思。

弘扬优秀中国传统文化，移风易俗，拯救社会道德滑坡，必须从德育教育抓起。必须从中小学少年儿童抓起，这些美德故事，分为孝、悌、忠、信、礼、义、廉、耻八个方面，各九十六则经典故事，这些故事都是历史上耳熟能详的、感人肺腑的典故，少年儿童从小熟悉这些故事，不但可以将中华传统美德植根于内心，更可以熟悉历史，从而受益终生。当然，囿于作者当时所处的社会，他所选取的故事有些明显带有局限性。在今天看来，有些虽符合传统道德标准，却违背了人性，甚至是违背了法制精神。我们在阅读时，一定要注意取其精华弃其糟粕，才符合当前弘扬优秀传统文化的精神。

这些故事，每段仅有八十余字，非常适合少儿阅读，译者注释和翻译了全文。因涉及面太广泛，有些人名、地名未能查到，有些是原书中存在的错误，特别是地名的变迁，非常复杂，来不及细考。书中存在的错讹，敬请读者不吝赐教，以便修订时更正。

邓启铜

2015.6.12

目录

一	冯谖焚券	002
二	仲连蹈海	004
三	楼护养吕	006
四	云敞葬师	008
五	宋弘念旧	010
六	巨伯请代	012
七	关公秉烛	014
八	祖逖避难	016
九	进之救友	018
十	张谠求妻	020
十一	兰根归美	022
十二	公义变俗	024
十三	元振济窆	026
十四	汉宾惠人	028
十五	查道博施	030
十六	仲淹义田	032
十七	袁升还妾	034
十八	孝基还财	036
十九	天祥衣带	038
二十	刘濠焚宅	040
二十一	唐珏收骸	042
二十二	张桓詈盗	044
二十三	韩文救荒	046
二十四	阿寄报主	048
二十五	共姜柏舟	050
二十六	卫女失意	052
二十七	臧氏义保	054
二十八	贾母倚闾	056
二十九	嫠清捐产	058
三十	珠崖二义	060
三十一	季儿自经	062
三十二	苞母勖子	064
三十三	桓嫠行义	066
三十四	吕荣无贰	068
三十五	男玉杀仇	070
三十六	孙赵培城	072
三十七	兰英啖土	074
三十八	黄林从水	076
三十九	章练全城	078
四十	谭赵血砖	080
四十一	妙聪井负	082
四十二	彭女扼吭	084
四十三	王杨代夫	086
四十四	贵贞拒姻	088

四十五	桂香求救	090
四十六	冷叶义方	092
四十七	颜曾争代	094
四十八	费氏刺罗	096
四十九	杵臼救孤	098
五十	干木逾垣	100
五十一	王蠋自经	102
五十二	栾布就烹	104
五十三	魏谭请食	106
五十四	郑弘上章	108
五十五	廉范狱卒	110
五十六	臧洪死友	112
五十七	王修哭谭	114
五十八	张飞断桥	116
五十九	敏元奋剑	118
六十	温峤求粮	120
六十一	世期义行	122
六十二	禹钧义方	124
六十三	龚颖端公	126
六十四	苏轼还屋	128
六十五	文之不屈	130
六十六	蔡伸发廪	132
六十七	南疆伸冤	134
六十八	有俊赎女	136
六十九	留台拾金	138
七十	道明危坐	140
七十一	世杰拒招	142
七十二	敬益归田	144
七十三	殖母遣子	146
七十四	义姑退兵	148
七十五	赵氏摩笄	150
七十六	严姬数子	152
七十七	媛姜代夜	154
七十八	平阳义师	156
七十九	郑卢冒刃	158
八十	奉天二窦	160
八十一	李杨保城	162
八十二	迪妻卖肉	164
八十三	包崔尺组	166
八十四	吴谢答贺	168
八十五	张高义妇	170
八十六	陈林义母	172
八十七	郭氏鬻子	174
八十八	李张誓冰	176
八十九	汀妻复仇	178
九十	黎女矢死	180
九十一	义颛祷侄	182
九十二	沈张伏阙	184
九十三	张女抚辉	186
九十四	翠梅甘虐	188
九十五	张霍守堡	190
九十六	薛门全义	192

天祥衣带图

一　冯谖焚券

馮諼彈鋏
客於孟嘗
收債市義
焚券免償

【原评】冯谖初见孟尝君之时，则曰："无好无能。"孟尝笑而受之。食无鱼，出无车，无以为家，三弹剑铗。孟尝如愿偿之，人方疑其贪也，乃感其恩而市义以报之。卒至君废客散，赖谖而复位，义士之报人多矣。

【原文】周齐冯谖,为孟尝君收债于薛①。矫命②,以债赐诸民,焚券而归③。孟尝君曰:"债收毕乎?来何疾也?"曰:"收毕矣。"问:"何所市④?"曰:"市义而还。君府藏盈积,惟寡义耳。"君曰:"诺。"后孟尝君废,诸客皆去。独赖冯谖,得复其位。

【注释】①薛:孟尝君的封地,在今山东滕州市。②矫命:假托孟尝君的命令。③券:契约,借款的文字凭证。④市:买。

【译文】周朝战国时候,齐国人冯谖,去薛这个地方为孟尝君收债。他假托孟尝君的命令,把百姓们欠他的债都赐予了百姓,并把借款的凭据当着百姓的面统统烧掉了。回去后,孟尝君问:"债都收回来了吗?怎么回来得这么快?"冯谖回答说:"收完了。"孟尝君问道:"买了什么回来?"冯谖回答说:"买了义气回来。我看你府上金银珠宝储备充盈,惟独缺一个义字。"孟尝君听了,有些不高兴地答应了一声。后来孟尝君被废官,门下的食客都离他而去,多亏了冯谖他才能够再做回齐国的相国。

二 仲连蹈海

齐鲁仲连义不帝秦
宁蹈东海不忍为民

[原评] 鲁仲连义不帝秦，宁蹈东海而死。其辞慨慷，其志激昂。义气所感，秦军为之却退，新垣衍称其为天下士。平原君且欲以千金为之寿，仲连笑而却之。为人排难解纷，不受人报，无愧为天下士矣。

【原文】周齐鲁仲连，游于赵。时秦围赵急，魏遣新垣衍说赵①，请帝秦。仲连乃见新垣衍，曰："彼秦者，弃礼义，尚首功之国也②。权使其上，虏使其民。彼即肆然为帝，则连有蹈东海而死耳③，不忍为之民也。"秦军闻之，却五十里④。

【注释】①说：用言语劝说别人，使别人听从自己的意见。②首功：以斩获敌首计功。③蹈：实行，朝某个方向走。④却：退。

【译文】周朝末年时，齐国人鲁仲连游历至赵国。当时秦国包围了赵国，赵国十分危急。魏国就派遣一个叫新垣衍的使者去游说赵国，让他们认秦国国君做皇帝。于是鲁仲连就去见新垣衍，说："秦国是抛弃礼义、提倡杀人记功的国家。上面的人运用权术，对待百姓如同对待俘虏。如果他们就这样肆意地称帝，那么我宁愿跳到东海去死，也不忍心做秦国的臣民。"秦军听说了以后，退却了五十里。

二 仲连蹈海

三　楼护养吕

楼护仗义
念旧怜贫
吕公夫妇
奉养终身

【原评】楼护与谷永,同为五侯上客。长安号为谷子云笔札,楼君卿唇舌,言其见信用也。故人吕公夫妇依之,身与同食,并嘱其妻亦与吕妪同食。妻子厌之,且以义所当奉,流涕责之。其义也,亦即其信也。

【原文】楼护,字君卿,为人短小。论议依名节①,听之者皆竦②。有故人吕公无子,归护③,护身与吕公、妻与吕妪同食④。及护家居,妻子颇厌吕公,护流涕责其妻子曰:"吕公以故旧穷老,托身于我,义所当奉。"遂养吕公终身。

【注释】①**名节**:名义节操。②**竦**:恭敬、肃静。③**归**:投靠。④**妪**:老妇人的统称。

【译文】楼护,字君卿,身材矮小。他的谈论都依据名节,因此听众都很受感动。有位老朋友吕公没有儿子,于是就来投靠楼护。楼护自己和吕公一起吃饭,楼护的妻子和吕公的妻子一起吃饭。后来楼护告老,住在家里,楼护的妻子有些厌烦吕公,楼护流着眼泪责备他的妻子说:"吕公因为自己很穷,年纪又大所以把自己托付给我,出于义气我也理应奉养他。"于是便赡养了吕公一辈子。

四 yún chǎng zàng shī 云敞葬师

云敞之师
人皆背之
自劾弟子
竟收其尸

【原评】王莽颛政，莽之长子宇，与章谋。夜以血涂莽门，若鬼神之戒。事觉，莽杀宇，章坐腰斩。以章之弟子为恶人党，皆当禁锢不得仕。人尽更名他师，独敞自劾为弟子，且收尸归葬。义之所至，可为事师者法。

【原文】汉云敞,字幼儒,平陵人①,师事同郡吴章。章当世名儒,弟子千余人。以不附王莽被诛,其弟子皆禁锢②,不得仕宦,门人尽更名他师。敞时为大司徒掾③,自劾为吴章弟子④,收章尸归葬。京师称其义,官至中郎谏大夫⑤。

【注释】①**平陵**:在今陕西咸阳市区的一部分。②**禁锢**:封建时代统治集团禁止异己的人做官或不许他们参加政治活动。③**大司徒**:官名。周官有大司徒,掌国家之土地与人民。云敞所处的时期相当于丞相。**掾**:官府中佐助官员的通称。也可以说是官府属员。④**劾**:揭发罪状。⑤**中郎**:官名。担任宫中护卫、侍从。

【译文】汉朝人云敞,字幼儒,是陕西平陵人,拜同乡吴章为师。吴章是当时有名的大学者,弟子有一千多人。后来吴章因为不肯依附王莽被杀,他的弟子们都遭到禁锢,永远不能为官,他的弟子们纷纷改在别人门下做弟子。云敞当时是大司徒的属员,声明自己是吴章的学生,还收回了吴章的尸体安葬。京城里的人都称赞他的义气,云敞后来官做到中郎谏大夫。

五 宋弘念旧

宋宏既贵
念及糟糠
不尚公主
大振纲常

【原评】许止净曰："人情险薄。田舍翁多收十斛麦，尚欲易妻。彼闻长公主下嫁，岂不惊为富贵逼人，三生有幸？遑计床头涕泣人，有𪍿麰之歌、谷风之咏耶？宋公德器，群臣莫及。湖阳诚弘之知己矣。"

【原文】汉宋弘,为司空时①,光武姊湖阳公主新寡②,帝与共论朝臣,微观其意。主曰:"宋公威容德器,群臣莫及。"帝因谓弘曰:"谚云:'贵易交,富易妻。'人情乎?"弘曰:"臣闻贫贱之交不可忘,糟糠之妻不下堂③。"帝谓主曰:"事不谐矣④。"

【注释】①司空:古代官名。管理工程事项。②湖阳:在今河南唐河县。③糟糠之妻:借指共过患难的妻子。糟糠,穷人用来充饥的酒渣、米糠等粗劣食物。下堂:指从家中撵走。堂,正房。④谐:成,办妥。

【译文】东汉人宋弘,在做司空时,正逢光武帝的姐姐湖阳公主刚死了丈夫,皇帝便和湖阳公主一同谈论朝中的大臣们,去探公主的心思。公主说:"宋公仪态威严,德行高,有气度,臣子之中没有一个能比得上他的。"皇帝因此对宋弘说:"俗语说:'做了官就要把贫贱时的朋友换掉了,有了钱就要把穷苦时的妻子换掉了。'这不是人之常情吗?"宋弘说:"我只听说贫贱时候交的朋友不可以遗忘,共患难的妻子不能离弃。"皇帝就对湖阳公主说:"这个事情是办不成的。"

五 宋弘念旧

六 巨伯请代

漢荀巨伯
省友臨危
行義代死
胡賊班師

【原评】大军所至，一郡皆空，独巨伯之友，以疾故而不能行，是固万无生路矣。巨伯不忍独生而去，则巨伯不亦危乎！乃贼问之，则曰友人有疾，不忍委之，愿以身代其死。贼感其义，竟释去。义之为用大矣哉！

六 巨伯请代

【原文】汉荀巨伯，远省友疾①，值寇攻郡②。友曰："吾今死矣，子可去。"巨伯曰："远来相视，子令吾去。败义以求生，岂巨伯所行耶？"贼至，巨伯请以身代友命。贼相谓曰："我辈无义之人，岂可掠有义之邑③？"遂退去，一郡获全。

【注释】①省：探望。②郡：古代行政区域。③掠：掳掠，夺取。邑：旧指县。

【译文】东汉时有个很重义气的人叫巨伯，一次，他去探望远方一个生病的朋友，正好遇到强盗们攻打府城。他的朋友说："我身体有病，如今只是等死了，你快回去。"巨伯说："我跋山涉水来看你，你又叫我回去。为了求生而破坏仁义，难道是我巨伯能做出的事情吗？"强盗到了之后，巨伯请求用自己的命代替朋友。强盗们听了互相说道："我们也不是没有义气的人，难道会抢掠有义气的地方吗？"于是全部退去，整个府城的人家因此得以保全。

七 关公秉烛

[原评] 关公大义参天，古今无两，浩然之气，至大至刚，充塞于天地之间。卒以扶汉安刘，三分鼎足，先主视如兄弟。而义之所在，侍立追随，不避艰险如此。蠢尔曹瞒，岂容污以不义耶？秉烛达旦，犹其余事耳。

【原文】汉关羽,字云长。先主寝与同床,恩若兄弟。而稠人广坐①,侍立终日。随先主周旋②,不避艰险。曹操东征拔下邳③,擒羽,使张辽说降④,羽表三约。时甘糜二夫人为操所获,使羽与夫人共居一室,羽秉烛达旦⑤。

【注释】①稠人广坐:坐,同"座"。指人很多的地方,即公共场合。②周旋:进退应战。③下邳:即今天江苏省睢宁县古邳镇。④说:用话劝说别人,使他听从自己的意见。⑤秉:拿,执。

【译文】汉朝末年有个人叫关羽,字云长。蜀汉的先主刘备和他在同一张床上睡觉,感情好得仿佛亲兄弟一样。而关羽在人多的地方也每天在先主的身边侍候着。跟着先主征战,面对艰难险阻也不退避。曹操东征,攻破下邳,把关羽捉了去,让张辽劝他投降,关羽就表明要先约定三个条件。当时先主的妻子甘夫人和糜夫人也被曹操捉住了,便让关羽和两位夫人住在一个房间里,关羽手里拿着蜡烛读书到天明。

七 关公秉烛

八 祖逖避难

祖逖避乱
亲党共之
车载老疾
躬自奔驰

【原评】祖逖义举，不胜枚举。劝督农桑，克己务施，收葬枯骨，为之祭醊，百姓感悦。尝置酒大会，耆老中坐流泣曰："吾等老矣，更得父母，死将何恨？"卒时百姓如丧考妣，其得人心如此！盖由仁义行，非行仁义也。

【原文】晋祖逖,性豁荡①,轻财好侠②。每至田舍,辄称兄意,散谷帛以赒贫乏③。京师乱,逖率亲党数百家,避难淮泗④。以车马载老疾,躬自徒步。药物衣粮,与众共之。元帝用为刺史,以社稷倾覆,常怀振复之心,卒尽复晋土。

【注释】①豁荡:豁达无拘束。②侠:见义勇为,抑强扶弱。③赒:接济,救济。④淮泗:即安徽北部地区。

【译文】晋朝人祖逖,性格豁达,喜欢行仗义,把钱财看得很轻。每到种田人家里,就假称是他哥哥的意思,把谷米和绸缎分给穷苦的人。后来京师发生动乱,祖逖率领亲戚朋友数百家,到淮泗避难。用车子和马匹拉老年人和生病的人,自己则步行。药品、衣服、粮食都是和大家共用。后来元帝任他为刺史,祖逖因为国家山河破碎,心里总是怀着振兴恢复祖国江山的愿望,最后终于收复了晋朝失去的土地。

八 祖逖避难

九 进之救友

進之賑濟
破產安貧
投水救友
相與沈淪

【原评】散财救荒，义也。因以贫罄，人所难矣；供奉难友，义也。经时尽诚，则又难矣；堕水救友，义也。投水拯救，相与沉沦，则难之又难矣。舍生取义，我于进之见之，而卒得免死，且以免劫掠之相犯，义声昭著矣。

【原文】南宋张进之,家世富足。荒年散财,救赡乡里①,遂以贫罄②,全济者甚多。太守王味之当见收,逃避进之家。供奉经时,尽其诚力。味之堕水沉没③,进之投水拯救,相与沉沦④,久而得免。时劫掠充斥⑤,到进之门,相约勿犯。

【注释】①赡:资助、供给人财物。②罄:尽,用尽。③堕:落。④沦:沉没。⑤劫掠:抢劫掳掠。充斥:众多。

【译文】南北朝时,南宋朝的张进之家境很富足。饥荒年代他疏散钱财,救济乡亲,因此散尽钱财变得穷苦,而得到他资助的人非常多。当时太守王味之被朝廷通缉,于是他便躲到张进之家避难。张进之招待他很久,并且竭尽全力,十分诚心。王味之掉入水中,张进之跳到水里救他,结果两人双双沉没在水中,过了很久才被人救起。当时抢劫掳掠众多,但到了张进之的门前,强盗们互相约定好了不去侵犯。

九 进之救友

十 张谠求妻

張謠求妻
因貨千疋
令妾遠迎
宜其家室

【原评】程鹏举失其妻,挟鞋卅余年以求之;张谠失其妻,因货千余疋以求之。而其妻,一则不解衣,勤纺绩以自赎其身,一则不梳沐,为诈痴以永保其节,均得破镜重圆。夫义妇节,后先辉映,可以风薄俗矣。

【原文】 北魏张谠,妻皇甫氏被掠①,赐中官为婢②,皇甫遂诈痴③,不梳沐。后谠为冀氏刺史④,因货千余疋⑤,购求皇甫⑥。文成帝怪其纳财之多,引见之。时皇甫年垂六十矣⑦,文成曰:"南人重室家之义。"皇甫归,谠令诸妾、境上奉迎。

【注释】 ①掠:掳掠,夺掠。②中官:宦官。婢:供人使役的奴仆,男的叫"奴",女的叫"婢"。③诈:假装。④冀氏:原址在今山西安泽县东南一百二十里处。⑤疋:同"匹"。⑥购求:悬赏寻访。⑦垂:将近。

【译文】 南北朝时,北魏人张谠的妻子皇甫氏被人掳走,送给宦官做奴婢,于是皇甫氏就装疯卖傻,不沐浴梳头。后来张谠做了冀氏的刺史,因此就置办了一千多匹绸布,去交换皇甫氏。文成帝见张谠用这么多钱,觉得很奇怪,于是就叫皇甫氏来见他。当时皇甫氏已经快六十岁了,文成帝赞赏道:"南方人很有重视家室的义气啊。"皇甫氏回来时,张谠就叫一帮姨太太,到境上远远地前去迎接。

十一 兰根归美

兰根受赏
美女十人
归其父母
由义居仁

【原评】好色,人之所欲也,况美女十人,皆出于赏乎?第美女皆由俘而来,人之父母,失其女,孰不望其得归乎?兰根孝义性成,必亦念及于此,故以其县界强寇,附从救死。矜而抚之,谅而归之。其阴德动天矣。

【原文】北魏魏兰根,博学高才。父丧庐墓①,毁殆灭性。为岐州刺史,萧宝寅破宛川②,俘美女十人,赏兰根。根曰:"此县界于强寇③,故附从以救死,官军至,宜矜而抚之④。奈何效贼为虐乎?"悉求其父母而归之。后封永兴侯⑤。

【注释】①庐墓:古人于父母或师长死后,服丧期间在墓旁搭盖小屋居住,守护坟墓,谓之庐墓。②宛川:按顾祖禹《读史方舆纪要》,宛川为今陕西省宝鸡市东的陈仓镇。当以此为准。本书原编者蔡振绅说是在安徽宣城县(今宣城市宣州区)东南。当代学者许雨浓说是在甘肃省兰州市榆中县。蔡氏和许氏之说可参考。③界:毗邻,毗连,接界。④矜:怜悯,怜惜。抚:安慰,安抚。⑤永兴:在今湖南永兴县。

【译文】北魏人魏兰根,博学多才。父亲去世后他在父亲的墓旁搭盖小屋,守护坟墓,悲伤至极,差点哭坏了自己的身体。后来魏兰根做岐州的刺史,萧宝寅攻破了宛川,俘获了十多个美丽的女子,要赏给兰根。魏兰根说:"这个县毗邻强盗的地界,因此不得不屈从强盗来保命,如今官兵到了,应当怜悯、抚慰人民。怎么能效仿盗贼做坏事呢?"因此就把十几个女子的父母都找来,叫他们各自领回家去了。后来魏兰根被封为永兴侯。

十二　公义变俗

慈母公义　欲变岷俗　舆病置厅　抚摩情笃

【原评】许止净谓疫固有传染者，然弃之不顾，孝义道绝，则良心先死矣，何若尽看护之责？以死生听之天命，为心安理得也。公义尽将病者迎置厅事，而己亦无恙。岂非疾病虽有传染，而死生终有天命耶？

【原文】隋辛公义,除岷州刺史①。岷俗一人病疫,合家避之,孝义道绝,病者多死。公义欲变其俗,命凡有疾者,悉与置厅事,迎医疗之②。俟愈,召其家人亲族,谕之曰:"设若相染③,吾殆矣④。"众感泣,此风遂革。合境呼为慈母。

【注释】①岷州:今天的甘肃岷县。②疗:治病,治疗。③相染:互相传染。④殆:危险。

【译文】隋朝的辛公义,是岷州刺史。岷州的风俗是家里一个人得了病,全家的人都会避开,孝道仁义都没有了。因此生病的人几乎都死了。辛公义想要改变这样的风俗,因此下令凡是生病的人,都用轿子抬到衙门大厅里,然后再请医生医治他们。等他们痊愈了,召集他的家人亲戚,对他们说:"如果疾病会互相传染,那我已经死了。"众人感动得落泪,这种风俗因此被革除。全境的百姓都称辛公义为慈母。

十二 公义变俗

十三 元振济窆

元振博济
縗者乞资
不问姓氏
尽数与之

[原评] 元振贤乎哉！年仅十六耳，且其家所送之资钱有四十万之多，虽縗服者五世未葬，各在一方同时迁窆，亦不需如此之多。且縗服者亦不冀其全助也，而竟如数与之，且不问其姓氏，尤为人所难能。

【原文】唐郭元振①,年十六,为太学生。适其家寄资钱四十万,有缞服者叩门云②:"五世未葬③,各在一方。今欲迁窆④,乏于资财,求相济。"元振不问姓氏,悉与之,无少吝⑤。及长为官,善抚御,夷夏畏慕⑥。后封代国公。

【注释】①元振:元振,名震,元振是他的字。②缞服:丧服。③葬:掩埋死人,下棺。④窆:墓穴。⑤吝:吝惜,吝啬。⑥夷夏:夷狄与华夏的并称。古代常以指中国境内的各族人民。

【译文】唐代人郭元振,十六岁时就入太学为太学生。正逢他家里给他寄了四十万钱,有穿着丧服的人敲门说:"我家五代灵柩都没有安葬,散落在各个地方。如今我想替他们迁坟墓,但是没有钱,请您接济我一下。"郭元振也不问对方的姓氏,就把钱全部给了他,没有丝毫吝惜。等他长大做了官,十分善于抚恤人民、驾御下属,少数民族都敬畏他。后来被封为代国公。

十四　汉宾惠人

汉宾善政
感物降神
丧葬婚嫁
博济惠人

[原评] 惠而不知为政，则其惠犹未广也。若朱汉宾善政所致，飞蝗为之出境，甘霖为之沛然，岂得谓神明无灵乎？至其助人茔兆，助人婚嫁，见义必为，存亡均感。宜其福寿兼全，子孙继起也。

【原文】后梁朱汉宾,为潞州节度使①,移镇晋州②。在曹日③,飞蝗出境。临平阳遇旱,亲祷龙子祠,踰日雨足④,四封大稔⑤。及还乡,亲旧沦没者,茔兆未办⑥,则给以棺敛;婚嫁未毕,则助以资币。受其惠者数百家,郡人义之。

【注释】①潞州:位于今天的山西长治县。②晋州:位于今天的山西临汾市。③曹:古代分科办事的官署。④踰日:过一天。⑤四封:四境之内,四方。稔:庄稼成熟。⑥茔兆:墓地;坟墓。

【译文】五代时候,后梁人朱汉宾,是潞州的节度使。后来又调到晋州。只要在他的任期间,蝗虫就会飞出他管辖的地方。他到平阳时,恰逢遇到大旱,朱汉宾亲自前往龙子祠祷告,到明日雨就已经下得很充沛,四境之内都获得了丰收。等他告老还乡,亲戚旧友中有穷困的,办不起丧葬,朱汉宾就给他们棺木入殓;有婚嫁大事没有完成的,朱汉宾就资助给他们钱财。受他恩惠的有数百户人家,郡里的人都称赞他的义气。

十四 汉宾惠人

十五　查道博施

查道童年
壹地為第
資斧助喪
且為擇婿

[原评] 查道知虢州时，岁歉，出积廪米赈之，又设粥糜以救饥者，全活万余人。平居，禄赐所得，辄散施亲戚。与人交，多周给。其博施济众之怀，胎于儿时；成人之美，全始全终。故曰："未有好义，其事不终者也。"

【原文】宋查道,幼画地为大第①,曰:"此当分赡孤寡。"长赴举,贫不能上,亲族裒钱三万遗之②。道过父友吕翁家,翁丧无以葬,将鬻女以襄事③。道倾钱与之④,且为其女择婿,别加资遣。又故人卒,贫甚,质女婢于人⑤,道为赎之。

【注释】①大第:大宅子。②裒:聚集。遗:给予,馈赠。③鬻:卖。襄事:帮助办成事情。④倾:用尽(力量)。⑤质:抵押;以…作人质。

【译文】宋朝人查道,小时候在地上画大房子,说:"这应当分给那些没有父母和没有了丈夫的人用来赡养。"长大后要上京考试,但家里贫困不能去,亲戚族人聚集了三万钱给他。路过父亲的朋友吕翁的家,吕翁死了,因为没有钱所以办不了丧事,所以打算把女儿卖了弄些钱办丧。查道把所有的钱尽数给了吕家,并且还为吕翁的女儿挑选女婿,又另外给了她一笔钱。查道又有一个老朋友死了,十分贫困,打算把女儿抵押给别人做丫环,查道为他赎了回来。

十六 仲淹义田

宋范仲淹千亩义田，以济羣族，衣食赖焉。

【原评】 公少孤贫，以天下为己任，尝曰："士当先天下之忧而忧，后天下之乐而乐。"每感激论事，奋不顾身，一时士大夫矫厉尚风节。为政仁厚，所至有恩，民皆画像立生祠。义田之置，只以赡族，然已无人能及。

【原文】宋范仲淹，平生好施与。择其亲而贫，疏而贤者，咸施之①。方贵显时，置负郭常稔之田千亩②，号曰"义田"，以养济群族之人。日有食，岁有衣，嫁娶丧葬皆有赡③。择族之长而贤者主其计④，而时其出纳焉⑤。

【注释】①咸：都。②负郭：靠近城郭。稔：庄稼成熟。③赡：供给人财物，赡养。④主计：主管财赋出入的工作。⑤出纳：财物的付出和收入。

【译文】宋代人范仲淹，平生乐善好施。凡是他亲近又贫困的人，或是疏远却贤良的人，他都接济他们。在他做大官的时候，买了靠近城郭的好田一千亩，称之为"义田"，用来赡养接济族人。每天有饭吃，每年有衣服穿，遇到嫁娶丧葬这些事情都给他们补贴。选择贤人当一族之长，掌管才赋出入，从而能按时把会计、财务管理好。

十七 袁升还妾

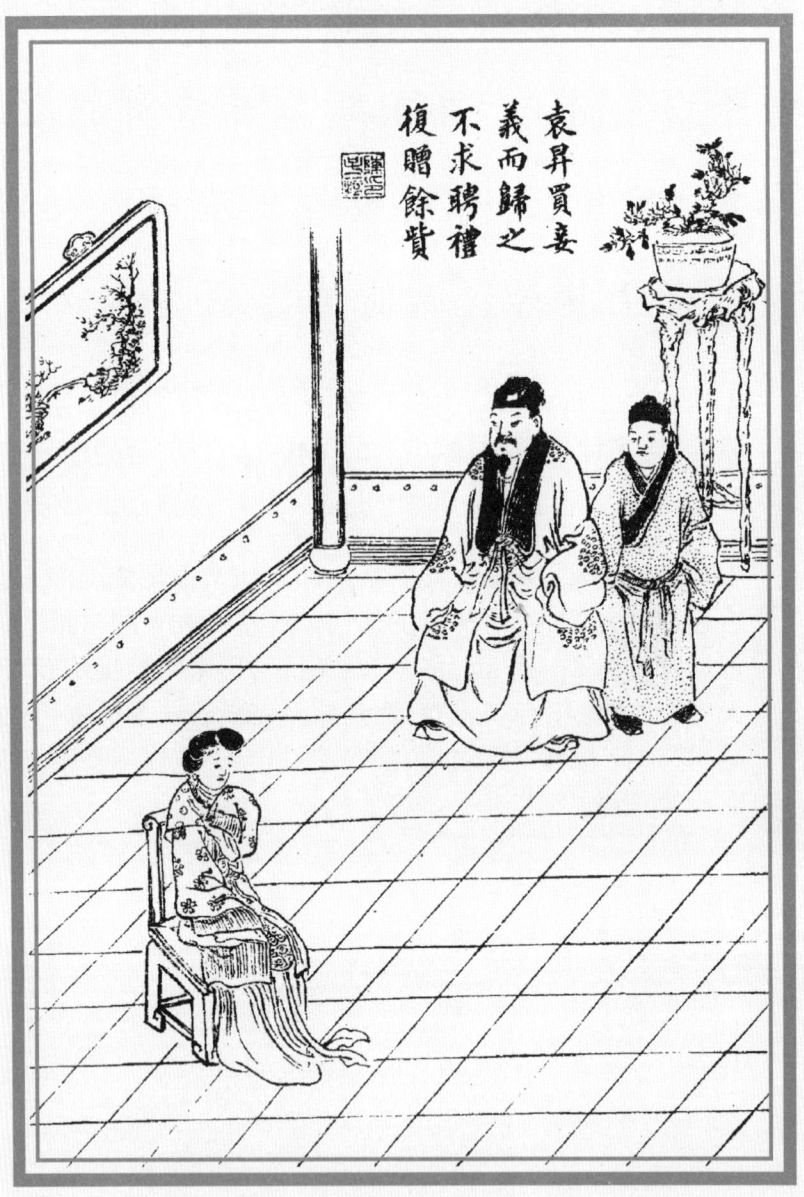

袁昇買妾義而歸之不求聘禮復贈餘貲

【原评】升之义无论矣,而其妻之贤,亦莫及也。入宫见妒,女子常情。升妻乃自具资,嘱夫买妾,归时复躬自迎问。得其故,则喜而慰之曰:"君设心如此,行当有子矣。"夫义妻贤,无怪翌年即得贵子也。

【原文】宋袁升,五旬无子,其妻具资①,嘱往临安买妾②。妾有忧色,问之。泣曰:"妾固赵知府女,父殁家贫,母鬻妾③,为归葬计耳。"升即送还,不索聘财,复以橐中资赠之而归④。妻迎问妾安在,告以故,妻喜。明年,生子韶,后为显官。

【注释】①资:财物,钱财。②临安:位于今浙江省。③鬻:卖。④橐:口袋。

【译文】宋代人袁升,五十多岁了还没有孩子,他的妻子准备了钱财,叫她去临安县买小妾。袁升就买了一个女子,见那女子忧心忡忡的样子,就问她原因。女子哭着说:"我原来是赵知府的女儿,父亲死后家里贫穷,为了归葬父亲,母亲把我卖掉了。"袁升当即把这个女子送了回去,也不跟他们要聘钱,还从口袋里拿出钱送给了她。回到家后,妻子迎接他,问他买来的小妾在哪里,袁升告诉了她事情的原委,妻子听了以后很高兴。第二年,生了个儿子叫袁韶,后来做了很大的官。

十八 孝基还财

宋張孝基
受岳家貲
屢試其子
悉以歸之

【原评】富人因子不肖，以家财付孝基，但望其能治后事，保遗产。岁时致祭，足矣。孝基乃召其子，试以灌园，再试以管库。审其能承父业，悉以归之。后其子卒为善士。行义若此，此其所以得为嵩山之神也。

【原文】宋张孝基,娶同里富人女①。富人只一子,不肖②,斥逐之。富人死,悉以家财付孝基③。后其子为丐,孝基见之,问曰:"汝能灌园乎④?"曰:"能。"因使灌园,颇自力⑤。复问曰:"能管库乎⑥?"曰:"能。"更觉淳谨。孝基遂以其父财产悉归之。

【注释】①同里:同乡。②不肖:不成材。③悉:尽,全都。④灌园:浇灌园圃。⑤自力:尽自己的力量。⑥管库:管理仓库。

【译文】宋朝人张孝基,娶了同乡的一个富人家的女儿为妻。富人家只有一个儿子,但是不成材。富人死后,把全部家产都交付给了张孝基。后来富人的儿子变成了乞丐,张孝基见到他,问他说:"您能浇灌园圃吗?"回答说"能",于是便让他浇灌园圃,富人之子十分尽力。张孝基又问他:"你能管理仓库吗?"回答说"能"。更觉得富人之子敦厚谨慎。于是张孝基便把他父亲的财产全部归还给了他。

十九 天祥衣带

宋文天祥涕泣勤王
惟义是尽衣带名扬

[原评] 信国公忠孝兼全,惟义是尽。友不得而止之,元帅张宏范不得而屈之,元相索罗亦不得而降之,元主知终不可屈。且将释之,而天祥视死如归,临刑从容谓吏卒曰:"吾事毕矣。"录之以为天下后世法。

【原文】宋文天祥,勤王兵败①,为元所获。元主闻其贤,召见,问何所愿。对曰:"宋既亡,愿赐一死足矣。"临刑,颜色自若②。其带中有赞云:"孔曰成仁,孟曰取义。惟其义尽,所以仁至。读圣贤书,所学何事?而今而后,庶几无愧③。"

【注释】①勤王:多指君主的统治受到威胁而动摇时,臣子起兵救援王朝。②自若:镇定自如。③庶几:连词,才能,以便。

【译文】宋朝人文天祥起兵援救王朝兵败后,被元朝所俘获。元朝君主听说他是个贤人,召见他,问他有什么愿望。文天祥回答说:"宋朝既然已经灭亡,我只愿能赐我一死就够了。"临刑时,泰然自若。他的衣带里有一首赞说:"孔子说杀身成仁,孟子说舍生取义。只有当义气尽到极点时,仁心才能到来。人们读古圣贤的书,是为了什么呢?从今以后我便可以问心无愧了。"

二十 刘濠焚宅

宋有刘濠，翰林掌书，欲燬籍，自焚其庐。

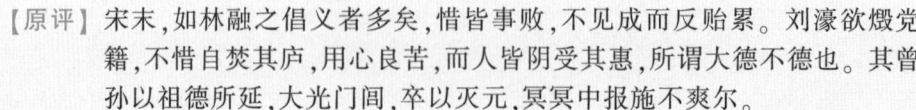

【原评】宋末，如林融之倡义者多矣，惜皆事败，不见成而反贻累。刘濠欲燬党籍，不惜自焚其庐，用心良苦，而人皆阴受其惠，所谓大德不德也。其曾孙以祖德所延，大光门闾，卒以灭元，冥冥中报施不爽尔。

二十 刘濠焚宅

【原文】宋刘濠,为翰林掌书①。宋亡,邑子林融倡义旅②,事败,元遣使簿录其党③,多连染。使道宿濠家,濠醉使者而焚其庐,籍悉毁。使者计无所出,乃为更其籍,连染者皆免。曾孙基,佐明太祖灭元,封诚意伯,人谓祖德所致。

【注释】①掌书:古代职掌符节及文史记载的官。②邑子:同邑的人;同乡。义旅:义师。③使:使者。簿录:查抄登记。

【译文】宋朝人刘濠,是翰林掌书。宋朝灭亡后,他的同乡林融提倡组建义师,事情败露,元朝廷派遣使者查抄登记他的同党,许多人都受到了牵连。使者路途中借宿在刘濠家,刘濠灌醉了使者然后点燃了自己的房子,记载同党的簿籍全部被烧毁。使者没有办法,只好另造了一本簿籍,受牵连的人都得以幸免。刘濠的曾孙子刘基,辅佐明太祖灭了元朝,封为诚意伯,人们都说这是沾了祖上的德行的光。

二十一 唐珏收骸

遗民唐珏忠义满怀
宋陵暴露密葬遗骸

【原评】唐珏忠义动天地。命中本贫，无妻子，乃以货家具瘗诸帝骨。袁俊斋闻之，称其为天下义士，拜为其子之师，并为料理婚娶，买负郭田三顷。后生丈夫子三，一如上元之梦。天亦报其勇于为义尔。

【原文】宋唐珏，字玉潜。时元僧杨琏真加利宋攒宫金玉①，发诸陵及大臣墓②。珏痛愤，乃货家具，为酒食，阴召诸少年，泣曰："吾不忍陵骨暴露③，已造六石函④，刻纪年一字为号。"众如珏言，夜取遗骸，葬兰亭山后。闻者义之。

【注释】①攒宫：古代皇帝、皇后暂殡之所。宋南渡后，帝、后茔冢均称"攒宫"。表示暂厝，准备收复中原后迁葬河南。②发：掘，挖。③陵：汉代以来称天子的坟墓为陵。暴：暴露在田野中。④函：盒。

【译文】宋朝灭亡后，有一位义士唐珏，字玉潜。当时元代的一个和尚杨琏真加贪慕宋朝皇帝陵墓中的金银珠宝，于是便挖掘开了皇帝皇后的陵墓和大臣们的墓穴。唐珏得知心里十分悲痛愤恨，于是卖掉了自己的家具，用这笔钱置办了一桌酒席，暗地里召集了诸位青年，哭着对他们说："我不忍心看皇帝的骨头暴露在田野之外，所以已经造了六个石盒子，取皇帝的年号一个字刻在上面。"大家就照着唐珏的话，把皇帝们的骸骨放在石盒里，葬在兰亭山后。听闻这件事的人都称赞唐珏的义气。

二十二　张桓詈盗

張桓被獲
擁見渠魁
抗論逆順
百折不回

【原评】顺逆之分,即义与不义之别也。山贼久知桓名,特袭获,因拜请为帅,岂不可乘机利导,使入于义乎?乃避不义之嫌,竟与其渠魁抗论逆顺。贼欲得其一揖,而宁死不可。贼称张御史真铁汉,不亦宜乎。

【原文】元张桓,字彦成。汝宁盗起①,袭获桓②。罗拜请为帅③,勿听。拥至渠魁前④,桓趋据榻坐⑤,与抗论逆顺⑥。其徒摔桓起跪,桓詈叱厉声⑦,且屡唾贼。贼不忍杀,谓曰:"汝但一揖,亦恕汝死。"桓曰:"吾岂肯听汝诱胁而折腰哉⑧?"遂被杀。

【注释】①汝宁:今河南汝南县。②袭:趁人不备时攻击。③罗拜:环绕着下拜。④渠魁:首领的意思。⑤榻:狭长而较矮的床,亦泛指床。⑥抗论:大声争论,抗议。⑦詈:骂,责骂。⑧折腰:屈身事奉。

【译文】元朝人张桓,字彦成。汝宁县盗贼肆虐,趁张桓不备擒获了他。强盗们环绕着张桓下拜,要请他做统帅,张桓不肯答应。于是强盗们把张桓推到强盗头儿的面前,张桓走上前去坐在榻上,和强盗头大声争论着顺逆的大道理。强盗们把张桓拉起来让他跪下,张桓大声地责骂怒叱,还不停地向强盗们吐口水。强盗们不忍心杀了张桓,告诉他:"只要你作一下揖,我们就饶恕你不死。"张桓说:"我难道会听从你们的诱惑和胁迫而屈身事奉吗?"于是张桓就被杀死了。

二十三 韩文救荒

韩文请饷
生死为轻
负罪发廪
米价以平

【原评】人当凶岁,米谷歉收,巨富奸商,若居奇货,以待高价,不义孰甚。韩文请发军饷三月,户部难之,则自愿受罪,竟发廪十六万,米价因是以平,其真心救荒如是。宜其享耄耋之年,亲见诸子贵显也。

【原文】明韩文,宋韩琦后也。生时,父梦紫衣人抱送文彦博至其家,故名曰"文"。历官南京兵部尚书①,岁祲②,米价翔踊③,文请预发军饷三月。户部难之④,文曰:"救荒如救焚,有罪吾当之。"乃发廪十六万⑤,米价为平。

【注释】①南京:今南京市江宁区。兵部尚书:兵部尚书是六部尚书的其中之一,别称为大司马,统管全国军事的行政长官。②祲:阴阳之气相侵,不祥之气,妖氛。③翔踊:飞涨。④户部:中国古代官署名,为掌管户籍财经的机关。难:拒绝,刁难。⑤廪:储存米的粮仓。

【译文】明代人韩文,是宋朝著名宰相韩琦的后人。韩文出生时,他的父亲梦见有一个紫衣人抱着文彦博送到他家,因此取名为"文"。韩文后来做南京的兵部尚书,当时年岁不好,米价飞涨,韩文请求预先发放三个月的军饷。户部的人不肯,韩文说:"救荒如同救火,有任何罪过我一人承担。"于是即刻发放仓米十六万,米价因此恢复正常。

二十四　阿寄报主

老仆阿寄
艰苦不辞
经商教子
婚嫁如仪

鄞县陈子恒敬绘

【原评】许止净谓阿寄具绝大理财本领，而屈身厮养。主人辈视之，牛马不若。倘非寡妇一泣，激其义勇自献。岂不将终其身、善刀而藏。老死于鸡栖豕栅间耶？是知古今来、埋没于庸耳俗目中者多矣。

【原文】明阿寄,徐氏仆也。徐氏析产①,伯得一马,仲得一牛,季寡妇,得阿季,年五十六矣。寡妇泣曰:"马则乘,牛则耕,老仆何益?"寄曰:"主谓我不若牛马耶?"乃画策营生②,历二十年,积资钜万③,且为延师教子④,婚嫁皆如礼焉。

【注释】①析产:分割财产。指分家。②画策:计划。营生:谋生。③钜万:形容为数极多。④延师:延,聘请、邀请、款待。延师,聘请教师。

【译文】明代的阿寄是徐家的仆人。徐家分家,大儿子得一匹马,二儿子得一头牛,三儿子亡故,剩下寡妇,分得了阿寄,阿寄已经五十六岁了。寡妇痛哭说:"马可以骑出门,牛可以耕地,一个年老的仆人能有什么用处?"阿寄听闻,说:"您难道说我不如牛马吗?"于是便制定计划谋生,经过了二十年,积累了极多资产,并为主人家聘请老师教育孩子,遇到男婚女嫁都按照礼仪去办。

二十五 共姜柏舟

衛有共姜
夫亡守義
母欲嫁之
柏舟矢志

【原評】 妻者，齊也。《禮記》云："一與之齊，終身不改，故夫死不嫁，是夫妻之義也。"呂坤曰："從一妻道也，守志不更夫，中道也。自殺以殉，則賢者之過耳，故特表共姜以嫠婦之法。"

【原文】周卫世子共伯妻姜氏,齐国女也。共伯早卒,姜氏守义不嫁,父母欲夺之,姜氏誓死不从。赋《柏舟》之诗曰①:"泛彼柏舟,在彼中河。髧彼两髦②,实维我仪③。之死矢靡他④,母也天只,不谅人只。"父母见诗乃止。及卒,卫人谥曰"共姜"。

【注释】①柏舟:《诗·邶风》篇名。②髧:头发下垂的样子。髦:古代称幼儿垂在前额的短发。③仪:配偶。④矢:誓。靡他:无他心。

【译文】周朝时候,卫国世子共伯的妻子姜氏,是齐国女子。共伯很早就去世了,姜氏坚守贞节不肯再嫁,姜氏的父母想把她嫁给别人,姜氏发誓死也不肯再嫁。于是作了一首《柏舟》诗,诗里说:"驾着一只柏木做的船啊,在那河里行驶。你看他那垂在额前的头发,真是我的好丈夫。我守着贞节到死也没有二心,可我的父亲母亲啊,却不体谅我守节的决心。"姜氏的父母见了这首诗也不再强迫她嫁人了。等姜氏死了以后,卫国人就称她作"共姜"。

二十六 卫女失意

黎莊夫人
賢而失意
守壹以終
不輕離異

[原评] 宁我负人,毋人负我。曹操以此济奸肆恶,君子反其道而行之,便成忠厚。今黎庄夫人虽遭非偶,守壹以终。刘向称其终执贞壹,不违妇道。视世之稍不遂意,宣告离婚者,判若天渊矣。

【原文】周黎庄公夫人，卫侯之女也。既往而不同欲①，所务者异，未尝得见。其傅母悯其贤而失意②，又恐其已见遣而不以时去，谓之曰："夫妇之道，有义则合，无义则去。今不得意，胡不去乎？"女曰："妇道一而已矣③。彼虽不吾以，吾何可离妇道乎？"卒不去。

【注释】①欲：情欲。②悯：哀怜。③一：专一。

【译文】周朝时候黎国的庄公的夫人，是卫侯的女儿。她嫁过去之后，夫妻二人的情欲不同，所做的事情就有差异，两个人不曾有见面的机会。黎庄公夫人的傅母可怜她为人贤惠却不得丈夫疼爱，又害怕人家已经叫她回去了但她不肯回去。就对她说："做夫妇的道理，是有情义就在一起，没有就回娘家去。你如今这么失望，为什么不回去呢？"黎庄公夫人回答说："妇人的道理是从一而终。他虽然待我没有义气，我怎么可以违背做妇人的道理呢？"最终还是没有回去。

二十六 卫女失意

二十七 臧氏义保

臧氏义保 护公拥儿 以子代死 复鲁兴国

【原评】传载臧氏抱称出，遇称舅于涂。舅问曰："称死乎？"臧氏曰："不死。"舅曰："何以得免？"臧曰："以吾子代之。"于是鲁大夫皆知称在臧氏所。吕坤曰："臧氏贤乎哉！鲁不灭国，不绝嗣，臧氏之力也。鲁之卿大夫愧矣！"

【原文】周义保臧氏，鲁孝公称之保母也①。伯御作乱，弑懿公而自立，求公子称，将杀之。臧氏令己子衣称之衣，卧称之处，伯御以为称也，杀之，臧氏遂抱称以逃。鲁大夫知称之在臧氏，乃请周天子杀伯御，立称，是为孝公。鲁人义之，号曰"义保"。

【注释】①称：鲁孝公的名字。

【译文】周朝时候，有一个很有义气的保母臧氏，是鲁孝公称的保母。当时伯御造反，杀了鲁国的懿公自立为国君，就派人四处寻找公子称，要杀掉他。臧氏叫自己的儿子穿上称的衣服，躺在称躺的地方，伯御以为是称，就把他杀掉了，于是臧氏就抱着真正的公子称逃跑。鲁国大夫知道公子称在臧氏那里，于是就请周天子杀掉了伯御，立公子称，后来就是鲁孝公。鲁国人很敬重臧氏的义气，称她为"义保"。

二十八 贾母倚闾

贾母教子
出求悟王
辛诛浑齿
继立法章

[原评]吕坤曰："世之爱子者，多欲保全其身，至见危授命，则深悲而固止之。岂知不义而生，不若成仁而死哉。贾母以求君望其子，宁失倚闾之望焉，贤哉母也，善用爱矣。"

【原文】周齐王孙贾,公族也①。淖齿之乱,湣王出走,被弑②,贾莫得其所,惘然而归③。母曰:"汝朝出不归,吾倚门而望④;暮出不返,吾倚闾而望⑤。今汝事王,王出走而不知其处,汝尚何归?"贾乃出,集市人为兵,诛淖齿⑥,求王子法章而立之。君子谓贾母义而能教。

【注释】①公族:诸侯或君王的同族。②弑:封建时代称臣杀君、子杀父母。③惘然:失意、忧思的样子。④倚:倚靠。⑤闾:原指里巷的大门,后指人聚居处。⑥诛:把罪人杀死。

【译文】周朝时候,齐国的王孙贾,是齐王的同族。淖齿发生叛乱,齐国的湣王逃了出去,被人杀死,王孙贾找不到湣王在的地方,于是就失望地回了家。他的母亲说:"你早上出去不回来,我靠在门上望着你;你晚上出去不回来,我倚着里门望着你。如今你服事君王,君王逃了出去而你却不知道君王去了哪里,你还回来做什么呢?"于是王孙贾便离开家,召集市民组成军队,歼灭了淖齿,又找到了王子法章,立他做齐国的国君。君子称赞王孙贾的母亲很有义气,还很会教导儿子。

二十九 嫠清捐产

嫠清上疏
捐资筑城
始皇嘉义
筑台以旌

【原评】 汉卜式输财助边,君子非之,为其市名希宠,长人主黩武之心。若嫠清此举,有三善焉。官不费钱,一善也;郡人免役,二善也;城工速竣,三善也。始皇筑台以旌之,义声昭著矣。

【原文】秦巴郡寡妇清①,其先得丹穴②,利数世③。清寡居,能守其业,用财自卫,不见侵犯。始皇筑长城④,巴蜀一郡,当役万人⑤。清上书,尽出家财百余万,筑边城数百里,不费官钱,而民不离乡里,又得工资,争效其力⑥。不数月,而城已完固,始皇嘉之,筑怀清台以旌其义⑦。

【注释】①秦:古国名。嬴姓。相传是伯益的后代。巴:古代国名,秦朝攻灭它之后设为八郡,辖境在今四川省东部。②丹穴:产朱砂的矿穴。③擅利:专有其利。④长城:中国古代伟大工程之一。始建于春秋、战国时代。秦始皇统一中国后,以过去的秦、赵、燕三国的北方长城作为基础,修缮增筑,成为西起临洮,东至辽东的万里长城。⑤役:使唤,役使。⑥效:尽、致。⑦怀清:秦始皇以巴寡妇清为贞妇,为之筑怀清台。后因以"怀清"比喻妇女贞洁。

【译文】秦朝的时候,巴郡有一个寡妇名字叫清,她的祖先得到了一座出产丹砂的矿山,专享了它的利益好几代。清虽然守寡,但能守住这个世业,用金钱保护自己,因此不受侵犯。秦始皇要修筑长城,在巴蜀一代,要去做工的人要达到一万多人。清就上书给皇上,情愿把家产一百多万尽数捐出来,筑建几百里的边城,不费用官府的钱。百姓们又不必离开家乡,又可以得到工钱,因此大家都争相效力。不到几个月时间,边城已经修建得十分完固。秦始皇称赞了她,并建造了一座怀清台来嘉奖她的义气。

三十　珠崖二义

珠崖二义
吏搜得珠
母女争死
得以全躯

[原评] 吕坤曰："此天理人情之至也！可泣鬼神，可贯金石，可孚豚鱼，可化盗贼。初之年仅十三耳，而能若是，殆天植其性欤？而继母之贤，晚世所希，惜史佚其姓耳。人称珠崖二义，不亦宜乎？"

【原文】汉珠崖令死①,继妻有子九岁,前妻之女名初,十三岁。奉丧归。时珠禁甚严,继母有珠系臂,弃之,其子拾而置之母奁②,母女皆未觉。至关,吏搜得珠,曰:"嘻③,谁当坐罪④?"女曰:"母已弃,初取藏,当坐初。"母曰:"我爱之,当坐我。"母女争死,相对泣下。吏钦其义,宁自坐,弃珠而遣之⑤。

【注释】①珠崖:在今海南省海口市琼山区东南。②奁:女子梳妆用的镜匣,泛指精巧的小匣子。③嘻:叹息声。④坐罪:治罪,获罪。⑤遣:派,送,打发。

【译文】汉朝时候,珠崖的县令去世了,他的后妻有个儿子九岁,前妻的女儿名字叫初,十三岁。他们护送灵柩回归故里。当时对珠子查得十分严格,之前后母胳膊上系着一串珠子,就把它扔掉了,她的儿子把珠子捡了回来放在了母亲的匣子里,母女二人都没有察觉。到了关口,官兵搜到了珠子,说:"啊,谁要获罪了呢?"女儿说:"母亲已经扔掉了,是我把它拿来藏了起来,应当定我的罪。"母亲说:"这串珠子是我喜爱的,应当怪罪于我。"母女二人争着死,彼此都流下了眼泪。官兵钦佩她们的义气,情愿自己获罪,把珠子扔掉了,叫她们都回去。

三十一 季儿自经

任妻季儿
夫杀其兄
不为非义
自缢以明

[原评] 吕坤谓季儿诚贤且烈矣。当是时,使季宗有子耶,则归宗而抚遗孤;季宗无子耶,则自出而绝延寿,亦足全其义矣。录之以为薄于骨肉者之劝,孰谓妇人外父母兄弟家,至生死不相关耶?

【原文】汉任延寿妻季儿,郃阳人①,其兄季宗与延寿争葬父事,延寿阴约友田建杀之。建独坐死②,延寿会赦免③,以实告。季儿曰:"杀夫不义,事兄之仇亦不义。"乃告长女曰:"汝父杀吾兄,义不可留,又无所往,惟死而已。汝善视二弟。"遂自经④。冯翊王让闻之,表其墓⑤。

【注释】①郃:郃阳,地名,今陕西省合阳县。②坐死:坐罪被处死。③赦免:免除或减轻罪犯的刑罚。包括大赦、特赦和减刑。④自经:上吊自杀。⑤表:表彰,表扬。

【译文】汉朝时候,任延寿的妻子季儿,是郃阳人,她的哥哥季宗和任延寿因为埋葬父亲的事情起了争执,任延寿私下里约了一个叫田建的朋友把他杀害了。田建独自一人被处死,而任延寿恰巧被赦免,于是任延寿就告诉了季儿实情。季儿听罢,说:"杀害自己的丈夫是不合乎义的,侍奉杀害兄长的仇人也是不合乎义的。"于是就跟大女儿说:"你父亲杀死了我的哥哥,按照义理我是不能够在留在这了,但我又无处可去,只有一死。你好好儿地照看两个弟弟吧。"于是就上吊自杀。冯翊王让听说了这件事,表彰了季儿的坟墓。

三十一 季儿自经

三十二　苞母勖子

趙苞之母
被劫鮮卑
遙謂其子
忠義母齡

【原评】传载苞母为鲜卑劫去后，即载之以攻辽西郡。苞率二万骑与战，鲜卑出母示苞，苞乃哀号告母，母犹遥勉以忠义，毋得相顾。贤哉母也！舍生取义，足以追踪陵母矣。

【原文】汉赵苞，为辽西太守①。迎母就养，道经柳城②，值鲜卑入寇③，劫质其母④。苞悲号告母曰："本欲以微禄奉养，不图为母作祸。"母遥谓之曰："人各有命，何得相顾以亏忠义。尔不闻王陵母，对汉使伏剑以固子志耶⑤。"苞即时进战，鲜卑大败，母遂遇害，苞呕血而死⑥。

【注释】①辽西：在今河北抚宁县西。②柳城：在今新疆鄯善县。③鲜卑：北方少数民族。④劫质：谓挟持人以为人质。⑤汉使：汉朝的使者。伏剑：自刎。⑥呕：吐。

【译文】汉朝的赵苞，是辽西太守。迎接母亲到自己身边赡养，路上经过柳城，正逢鲜卑族进来抢劫，就把赵苞的母亲劫持为人质。赵苞悲号着对母亲说："儿子本来是尽自己的绵薄之力孝敬您，没想到反为您招来了祸事。"赵苞的母亲远远地对他说："每个人都有自己的命运，哪里可以为了保全自己而做有损忠义的事情呢。你难道没听说过王陵的母亲，对着汉朝使官用剑自杀来坚定儿子的志气的故事吗？"赵苞即刻出兵攻打鲜卑，鲜卑大败，就把赵苞的母亲杀死了，赵苞听闻后吐血身亡。

三十三 桓嫠行义

刘长卿妻
防远嫌疑
预刑明志
行义桓嫠

【原评】吕坤谓桓氏寡居守礼，十年不归宁，可谓远嫌之至矣。《礼》有大归女，丧与在室同之文，桓也即依父母家，何害哉？至所称不辱先人，则锡光乃父，家教所从来矣。

【原文】汉刘长卿妻,桓鸾之女也。生一男,五岁而长卿亡,防远嫌疑,不肯归宁①。儿年十五,夭死②,乃自刵其耳以誓③。宗妇愍之曰④:"何贵义轻身若此!"桓曰:"昔我先君五更⑤,学为儒宗⑥,尊为帝师。历代以来,男以忠孝显,女以贞顺称,是以预刑以明志。"上显其门闾,号曰"行义桓嫠"。

【注释】①归宁:回娘家看望父母。②夭:未成年的人死去。③刵:古代刑罚之一,割去耳朵。④愍:怜悯体恤。⑤先君:已故的父亲。五更:古代官名。以年老致仕的官员充任,受朝廷礼遇。⑥儒宗:儒者的宗师。汉以后亦泛指为读书人所宗仰的学者。

【译文】汉朝刘长卿的妻子,是桓鸾的女儿。生了一个男孩,到了五岁的时候刘长卿去世了,桓鸾为了避嫌起见,不肯回娘家。儿子十五岁的时候夭折了,桓氏就割掉自己的耳朵来表明自己守义的誓愿。同族的妇女很怜悯她,对她说:"你何必重义轻生到这个样子呢!"桓氏说:"从前我的父亲是朝廷里的五更,他的学问是读书人的宗儒,身份尊贵,做过皇帝的老师。所以历代以来,我们家里的男人都以忠孝扬名,女人都以贞节顺从著称,所以我预先割掉自己的耳朵来表明我的志愿。"皇帝称赞她是"行义桓嫠",在桓氏的家门上表彰起来。

三十四 吕荣无贰

许妻吕荣涕泣忠告
殺盗祭夫被執不辱

【原评】吕氏可谓安于义命矣。涕泣规夫,不怨不尤。委婉辞父,无有贰心。夫死于盗,手断盗头以祭夫。及己身为寇所得,毅然就死,不怵于威。其诚其烈,非安于义命者能之乎?

【原文】汉许升妻吕荣，以升好博①，涕泣进规②，不听。荣父欲改嫁之，荣曰："命之所遭，义无离二③。"升乃感激厉学④，后被本州辟⑤，行至寿春⑥，为盗所害。刺史尹耀捕得盗，荣请于耀，手断盗头祭升。其后郡遭寇，荣为寇所得，谓曰："从我则生，不从则死。"荣曰："义不以身受辱。"寇怒，杀之。

【注释】①博：赌博。②进规：进谏规劝。③离二：有异心。④厉：同"励"，勉励。⑤辟：征召。⑥寿春：寿春镇，位于安徽省六安市寿县。

【译文】汉朝的时候，许升的妻子吕荣，因为许升爱好赌博，吕荣几次留着眼泪劝丈夫，他都不听。吕荣的父亲想让吕荣改嫁，吕荣就对他的父亲说："这是我命里应受的，从情义上讲，我也不应该有异心。"许升听了以后很感动，于是发奋读书，后来被本州征召，走到寿春被盗贼杀害。刺史尹耀捉到了强盗，吕荣向尹耀请求，亲自斩断强盗的头颅来祭奠许升。后来吕荣住的地方遭遇了强盗，吕荣被强盗抓去，强盗对她说："顺从我就能生，反抗我就杀死你。"吕荣说："义理上不能让自己的身体受到你们的污辱。"强盗听后大怒，于是就把吕荣杀了。

三十五 男玉杀仇

孙氏男玉
为夫报仇
亲自复雪
杖死复休方

[原评] 男玉于夫仇，誓不共戴，亲自复雪，不肯假手于人，以义犯法，虽死无恨。岂望君之特赦哉？若稍存希冀，便失杀仇本意，且开徼幸尝试之门，吾恐魏主亦不恕之也。

【原文】 北魏孙男玉,其夫为灵寿县民所杀①,男玉追执仇人,欲自杀之。其弟劝阻,男玉泣曰:"妇人以夫为天,当亲自复雪②,奈何假手于人③?"遂以杖殴杀之④。有司论死⑤,北魏主诏曰:"男玉重节轻身,以义犯法,缘情定罪,理在可原。"其特恕之⑥。

【注释】 ①灵寿县:在今河北省。②复雪:复仇,雪耻。③假手:假借他人之手。④殴:打人,殴打。⑤论:定罪。⑥恕:原谅,宽容。

【译文】 南北朝时期,北魏有个女子姓孙名男玉,她的丈夫被灵寿县的一个人杀死了,孙男玉追上去,抓住仇人,要亲自杀了他。孙男玉的弟弟劝阻她,孙男玉哭着说:"妇人以自己的丈夫为天,应当亲自为夫复仇,怎么能假借他人之手呢?"于是就用棍棒打死了仇人。官府将孙男玉判了死罪,北魏的国君听说后下诏说:"孙男玉重视贞节,看轻自己的生命,因为义气而犯法,从情理上定罪,是情有可原的。"于是就特别开恩宽恕了她。

三十五 男玉杀仇

三十六 孙赵培城

孙妻赵氏
城陷为忧
相率妇女
同保岐州

[原评] 女子所忧,不过家庭中事。赵氏乃以城陷为忧,且使城中妇女同其忧,竟相率培城,城赖以完。义也,亦即其忠也。录之以愧须眉男子,甘为处堂燕雀,而不怀赵氏之忧者。

【原文】 西魏孙道温之妻赵氏①,安平县人也②。万俟丑奴反③,围岐州④,久之,援不至。赵氏谓城中妇女曰:"今州城将陷,凡我妇女,义当同忧。"闻者感其言,遂相率负土,昼夜培城⑤,城赖以完。大统六年⑥,赠道温岐州刺史,赠赵氏安平县君。

【注释】 ①西魏:中国南北朝时期的一个北方朝代之一,由北魏分裂出来的割据政权。②安平:在今山东淄博市临淄区北。或云今山东博兴县。③万俟:复姓,源于鲜卑族。④岐州:在今陕西凤翔县。⑤培:增益,增添。⑥大统:文帝年号。

【译文】 南北朝的时候,西魏人孙道温的妻子赵氏,是安平县人。万俟丑奴造反,围困岐州,过了很久援兵都没有到。赵氏就对城里的妇女们说:"如今岐州的城池眼见着就要沦陷了,我们身为妇女,义理上和男子一样也有责任分担忧愁。"听了这话的妇女们都被她的话感动了,于是就竞相挑泥土,日日夜夜修理城头,城池才得以保全。大统六年,西魏国君任命孙道温做岐州刺史,并封赵氏为平安县君。

三十七 兰英啖土

兰英护主
游丐何妨
啖土饮水
窃负归唐

【原评】兰英保养师仁,煞费苦心。况当丧乱之秋,饿死者藉藉,乃竟能游丐以食师仁,啖土饮水,窃负归唐。延武都之嗣,成武都之志。宜高祖之嘉其义而诏封之也。

【原文】唐王兰英,独孤师仁乳母也①。师仁父武都,不义王世充所为,欲自拔归唐②,世充觉而杀之。师仁甫三岁,免死,禁锢③。兰英请髡钳④,得保养。许之。时丧乱,饿死者藉藉⑤,乃游丐以食师仁,而己啖土饮水⑥。后诈为采薪,窃负师仁归唐。高祖嘉其义,诏封永寿乡君。

【注释】①独孤:独孤姓出自刘姓,起源于北魏时代北鲜卑部落,是汉光武帝刘秀的后代以独孤为氏。②自拔:脱身。③禁锢:关押,监禁。④髡:古代剃去头发的一种刑罚。钳:古代刑罚。用铁圈束颈、手、足。⑤藉藉:众多的样子。⑥啖:吃。

【译文】唐朝的王兰英,是复姓独孤、名师仁的乳母。独孤师仁的父亲,独孤武都,觉得王世充的所做所为不合乎礼义,想脱身投降唐朝。王世充发觉后把独孤武都杀死了。那年独孤师仁才刚刚三岁,因此就免去一死,但遭到了监禁。王兰英主动请求受剃发和束颈的刑罚,来保全独孤师仁,王世充准许了。当时天下大乱,饿死的人横尸满地,王兰英就四处讨饭来养活独孤师仁,自己则吃泥土喝河水充饥。后来她假装打柴的人,偷偷地背着独孤师仁逃到唐朝。唐高祖很赞赏她的义气,就下诏封王兰英做永寿乡君。

三十八 黄林从水

黄林夫妻
夫为义士
拒辟投渊
相随同死

[原评] 按黄岳博通经典，尤邃易学。唐末，由乡贡入太学，有长者风。乃以拒辟而投渊，夫死义，妻亦死义，相随同没，置身清流中。彼唐室遗老，方且联翩入朝，称臣恐后。闻黄岳夫妻投水，其亦有动于中乎？

【原文】 唐黄岳妻林氏,闽人①。朱温篡唐②,闽主王审知僭称王号③,必欲起岳④。岳自以唐遗士,不受辟命⑤。郡县逼之⑥,岳度不能拒⑦,遂投于渊而死⑧。林氏曰:"君能为义士,妾独不能为义士妻耶?"遂相随同没。邦人哀之,相与立祠祀焉。

【注释】 ①闽:福建。②篡:夺取。③僭:超越本分,古代指地位在下的冒用在上的名义或礼仪、器物。④起:举任,举用。⑤辟命:征召,任命。⑥逼:胁迫,逼迫。⑦度:思量,考虑。⑧渊:深水,潭。

【译文】 唐朝末年,黄岳的妻子林氏,是福建人。当时朱温篡夺了唐朝的天下,闽国国君王审知就自己僭称为王,一定要任用黄岳为官。黄岳因为自己是唐朝的遗士,不能接受征召,而县衙里的人又逼迫得很紧,黄岳想了想,没有方法可以拒绝,于是就跳入潭水中溺死了。林氏说:"你能够做有义之士,我难道就不能做有义之士的妻子了吗?"于是就跟随黄岳投入水中。当地人十分哀怜这对夫妻,于是就大家集资建立了一座庙来祭祀他们。

三十八 黄林从水

三十九　章练全城

章練夫人
誓不獨生
建封義之
免屠全城

[原评] 练氏悯部将之才,营救不得,则给资使逃。及来图报,则以誓不独生之语,激发其天良。词气慷慨,出于至诚,使建封不得不从。全城民命,赖以保全。宜后裔之蕃昌也。

【原文】南唐大将王建封,初为闽①帅章仔钧部将。后期当斩②,章妻练夫人悯焉,给以资,令去。及南唐攻建州③,将屠城。建封解甲徒步④,往见练氏,谋保全其家属亲戚。练曰:"建民无罪,愿将军释之。若将军不释建民,妾愿先百姓死,誓不独生也。"建封义之,全城获免。

【注释】①闽:五代十国之一。933年王延钧在长乐(今福州市)称帝,国号闽。历三十七年,后被南唐所灭。②后期:延误了日期。③建州:在今福建建瓯市。④解甲:脱去衣甲。甲,铠甲。徒步:步行。

【译文】南唐的大将王建封,最初是闽国元帅章仔钧的部下军将。有一次王建封延误了军期,按照法律是要被斩首的,章仔钧的妻子练夫人可怜他,给了他钱,叫他逃跑了。后来,等到南唐攻打建州,要杀尽城里的百姓。王建封脱掉盔甲步行去见练夫人,打算保全她的家人亲戚。练夫人说:"建州的百姓是没有罪的,希望将军能放了他们。如果将军不能饶恕建州的百姓,那我宁愿死在百姓前头,无论如何,我绝对不独自苟活。"王建封很钦佩她的义气,于是全城的百姓都保全了性命。

四十 谭赵血砖

谭妇赵氏
誓死坚持
血渍甄石
如抱婴儿

【原评】 吕坤谓:"舅姑之血,岂不溅染砖石,然已泯没。而烈妇婴儿,血状宛然。磨以沙石,其迹不灭;煅以炽炭,其状益著。于以见贞心为血,足以贯彻金石。"理固然耳。

【原文】宋谭姓妇赵氏，永新人①。元破永新，赵氏抱婴儿，随舅姑匿孔庙中②。兵杀其舅姑，欲污赵，赵哭曰："吾舅死于汝，吾姑又死于汝，与其不义而生，宁从舅姑死耳！"遂与婴儿同遇害，血渍礼殿两楹间③，入砖为妇人抱婴儿状。磨以沙石，不灭；煅以炽炭，其状愈显。

【注释】①永新：江西县名。②匿：躲藏。③渍：染，沾染。两楹：房屋正厅当中的两根柱子。两楹之间是房屋正中所在，为举行重大仪式和重要活动的地方。

【译文】宋朝末年，有个谭家的媳妇赵氏，是永新人。元朝攻破了永新县城，赵氏抱着婴儿，跟着公公婆婆躲在孔夫子的庙里。元兵杀了她的公婆，想要强奸赵氏，赵氏哭着说："我的公婆都死在你们手里了，与其没有义气地活着，我宁愿跟随公婆一起死！"于是她和婴儿一同被杀，鲜血流在礼殿的两根柱子中间，渗入地砖变成了一个妇人抱着婴儿的形状。用砂石打磨，这形状不会消失；用烧得很热的炭火去烧，它的形状反而更加明显。

四十一 妙聪井殉

张婢妙聪随主入井中，恐井伤孕，主背负以终

【原评】婢也贱，何以录？录贤也。论势分，则大夫士庶人妻不相齿。论道义，则沟壑饿莩，可与尧舜共一堂。妙聪随主投井，恐水冷伤娠，而护主周至。此何时乎？此何地乎？就义从容若是，讵可以婢贱之哉？

【原文】明张孟喆,为保安右卫指挥①。奉调赴操,北寇入掠,其妻李氏谓夫妹曰:"我命妇②,汝亦宦门女③,义不可辱。"相挈投井中④。其婢妙聪随入,见二人均未死,以李有娠,恐水冷,有所害,负之于背。寇退,孟喆弟仲喆归,求三人于井中,以索引出。李与妹均无恙⑤,妙聪则死矣。

【注释】①保安:今河北涿鹿县。②命妇:封建时代受封号的妇人。在宫廷中则妃嫔等称为内命妇,在宫廷外则臣下之母妻称为外命妇。③宦门:做官的人家。④挈:提携。⑤无恙:指没有疾病等事。

【译文】明朝人张孟喆,是保安这个地方的右卫指挥。一次他奉了官府的命令出外操练,正逢北方的强盗进城抢劫,张孟喆的妻子李氏就对张孟喆的妹妹说:"我是臣子的妻子,你也是做官人家的女儿,我们在义理上是断不能受辱的。"于是两人相携着一块投入井里。家里的丫环妙聪跟着她们一起跳到井里,看见两人都没死,因为李氏怀有身孕,害怕井底水冷,对身体不好,妙聪就把李氏背在背上。强盗退去后,张孟喆的弟弟张仲喆回到家,在井底发现了三人,用绳索把她们拉上来。李氏和张孟喆的妹妹都没事,可是妙聪却死了。

四十二 彭女扼吭

彭女字僕
主欲污之
其夫被逐
宁死無私

【原评】恩之与义,公私有别,轻重不同。彭女权衡已熟,势难两全,扼吭以死,不怨不尤,是岂得天独厚哉!盖道之在人,不以愚贱而减也。故与张婢妙聪,接踵书之。

【原文】 明彭氏女,番禺人①。家贫,自幼鬻为人婢。其主以字某仆②,复欲私之,女不可,主怒逐仆以绝女意。仆临行,出言不逊③。主益怒,挞之④,背流血。女谓其侪曰⑤:"渠受杖⑥,盖以我也。我食于主十余年矣,宁不知恩⑦?顾义有不可者。"遂扼吭死⑧。县令高瑶罪其主,使治葬北郭,旌表之⑨。

【注释】 ①番禺:今广州市南郊番禺区。②字:女子许嫁。③出言不逊:指某人说话态度傲慢,言语不客气。④挞:打。⑤侪:同辈。⑥渠:他。⑦宁:难道,怎么。⑧扼吭:两个意思,自缢或气逆于喉。⑨旌表:封建统治者用立牌坊或挂匾额等表扬遵守封建礼教的人。

【译文】 明朝时候,有个姓彭的女子,是番禺人。她家里贫穷,因此从小就被卖给别人做奴婢。她的主人就把她许配给某个仆人做妻子,还没成婚,仆人就想强奸她。女子不肯,主人很生气,就把仆人赶走了,来断绝彭氏女子的念想。仆人在临走的时候,说话很不客气,主人越发生气,痛打了他一顿,打得背上都流血了。彭氏女子就对她的同伴们说:"他挨打全是因为我。我在主人家已经吃了十几年的饭了,难道不知道感恩吗?但在道义上又有行不通的地方。"于是就自缢而死。那里的县令高瑶将她的主人治了罪,命人将彭氏女子葬在北城门外,并立了牌坊表扬她。

四十二 彭女扼吭

四十三 王杨代夫

【原评】世昌因兄当死,而愿代兄死。杨氏以夫代兄死,而愿代夫死。弟代兄死,以义也;妻代夫死,亦以义也。夫为义士,妻为义妇,夫妇互争代死,法司安得不两释之耶?

【原文】明王世昌妻杨氏，临漳人①。世昌之兄，因坐事论死，世昌怜之，乃自请代兄受刑。法司已准之②。杨氏闻之，乃告其父母曰："彼代兄死为义士，我顾不能为义妇耶？愿诉于上，代夫之死。"遂入京陈情③。法司感其义，遂两释之。

【注释】①临漳：今河北省临漳县。②法司：古代掌司法刑狱的官署。准：许可。③陈情：陈诉衷情。

【译文】明朝王世昌的妻子杨氏，是临漳人。王世昌的哥哥，因为牵涉到某件事情被判死罪，王世昌怜惜他，就请求代替兄长受刑罚。法司也已经准许了。杨氏听闻后，就去辞别她的父亲母亲，说："他愿意代替哥哥受罚，做有义之士，我难道就不能做有义之妇人了吗？我愿意去禀告官府，请求代替夫君受罚。"于是就去京城陈诉衷情，司法被她的义气感动，于是就将王世昌和他的妻子两人都释放了。

四十三 王杨代夫

四十四　贵贞拒姻

明胡贵贞　曾母贞养　父欲夺姻　甘死无两

【原评】贵贞受曾母之救养，视若亲生，是其分为姑媳，恩同母子，岂可以贫而弃之？曾母卒，胡父欲谋另配，宜其不从。试观其对兄之语，义烈凛然。讵富贵之家所能梦见乎？

【原文】明曾天福童养妻胡贵贞，生时，父母欲不举①，曾母救之归，与天福同乳，将俟长而配焉。年十八，曾母卒，胡父欲夺以姻富家②，贵贞不从，其兄乘天福他出，强曳之归③，示以求聘者金帛。贵贞曰："富而不义，何如贫。"兄曰："汝甘贫死耶？"贵贞曰："苟不失义，贫死何害？"遂自缢。

【注释】①举：抚养。②姻：结亲家。③曳：拖、拽。

【译文】明朝时候，曾天福的童养妻胡贵贞，刚生下来的时候，她的父母不想养她，是曾天福的母亲救了她，和曾天福一起哺育，预备等她长大了许配给曾天福为妻。胡贵贞十八岁的时候，曾天福的母亲去世了，胡贵贞的父亲想把她抢回去交给富人家，胡贵贞不答应，她的哥哥就趁胡天福不在家，把胡贵贞强行拖了回去，给她看求婚的人给的金银丝帛。胡贵贞说："富贵却不仁不义，还不如贫穷。"她的哥哥说："你难道甘愿穷死吗？"胡贵贞回答说："如果不丢失了义气，就算是穷死又有什么害处呢？"于是就上吊自杀了。

四十五 桂香求救

[原评] 仓卒之际,恐惧之心,智者且眩然失策,况女子乎?乃观于历城故事,仇人入室,妻子尽逃,桂香独侍侧不去,持仇襦求救,至死不休。不意养女中乃有此人!

【原文】明卢桂香,山东历城人①,吴爱众之养女也②。一日,爱众为仇人所害,妻子等咸奔避他室,桂香独侍爱众侧不去,且手持仇人之襦③,大呼求救。仇人因刃之④,脑血淋漓而绝⑤。邑令张鸣鹤为葬之于郊,并树一碣曰"义娥墓"⑥。

【注释】①历城:山东省县名。今山东省济南市历城区。②养女:收养的非亲生的女儿。③襦:短衣,短袄。④刃:杀。⑤淋漓:形容湿淋淋往下流滴的样子。⑥树:立。碣:圆顶的石碑。

【译文】明朝时候,有个女子姓卢名桂香,是山东历城人,吴爱众的养女。一天,吴爱众被仇人杀害,他的妻子们都躲到其他房间去了,只有卢桂香还待在吴爱众的身边,不肯离开,手抓着仇人的短衣,大声呼救。仇人因此杀了她,卢桂香的脑髓和鲜血淋漓,流了满地死了。县令张鸣将卢桂香安葬在郊外,并立了一块圆顶的石碑,上面写着"义娥墓"三个大字。

四十六 冷叶义方

【原评】寡母抚孤,往往失之过慈,知有养不知有教。即教亦安有义方,如叶氏之事事谨严,自幼即教以义方,甚至偶呼缙绅之名,不惜为之痛笞,显微一致。孟母而后,有几人哉?

【原文】明冷逢泰妻叶氏，生一子，甫免怀而寡①。自幼教以义方②，稍不率，辄答之。一日，子于外见缙绅盛车马③，过里门④，心异之，急入告母，且呼其名。叶氏曰："车马何足荣？以小子呼长者名⑤，彼虽不闻，尔则已慢矣⑥。"痛答之⑦。后其子长，卒为善士。

【注释】①甫：刚刚，才。免怀：指孩子三岁时要离开父母怀抱。②义方：行事应该遵守的规范和道理。③缙绅：古代称有官职的或做过官的人。④里门：闾里的门。古代同里的人家聚居一处，设有里门。⑤长者：指显贵的人。⑥慢：态度冷淡，不殷勤，不礼貌。⑦痛答：痛打。

【译文】明朝人冷逢泰的妻子叶氏生了一个儿子。儿子才三岁的时候，冷逢泰就死了，叶氏守寡一个人抚养孤儿。她自小就用义理教导孩子，稍微不听话，就打他。有一天，冷逢泰的儿子在外面见到一位乡绅车马众多，经过里门，心里十分奇怪，就急忙跑回去告诉母亲，边跑边直呼那乡绅的名字。叶氏对他说："车马有什么可光荣的呢？你一个小孩子直呼显贵人的名字，他虽然没听到，但你已经是不礼貌的了。"于是就痛打了他一顿。后来冷逢泰的儿子长大了，果真成为了一位道德高尚的人。

四十七　颜曾争代

黄妻颜氏
顾死代姑
其妻曾氏阻
乞代主

【原评】颜氏泣诉,愿以身代姑,义也;曾氏号哭,愿以身代嫡,亦义也。嫡庶争死,发自至诚。乱兵虽强暴,亦高其义而释之。可见天下无不可化之人,特患诚之不至尔。

【原文】明黄应运妾曾氏，长乐人①。崇祯癸未②，流贼李自成③，从顾君恩之议，攻取山西。城陷乱兵入其家，欲杀应运母，应运妻颜氏泣诉④，愿以身代姑死。及颜氏方受刃，曾氏又号奔至，曰："此我主母，愿杀我以全其命。"乱兵义之，两释焉。

【注释】①**长乐**：今福建长乐市。②**崇祯**：思宗年号。③**流贼**：四处流窜的盗贼。旧时多用于对明末李自成、张献忠等领导的农民起义军的蔑称。④**泣诉**：流泪诉说；哭着控诉。

【译文】明朝末年，黄应运的小老婆曾氏，是长乐人。崇祯癸未年时，流贼李自成听从了顾君恩的计策，攻打山西。城邑被攻陷了，乱兵来到黄应运的家里，想杀黄应运的母亲，黄应运的妻子颜氏哭着对士兵说愿意用自己的命换婆婆的命。等颜氏正要被杀的时候，曾氏又嚎啕着奔过来，说："这是我的主母，请你们杀了我放过我主母。"乱兵称赞她们的义气，把颜氏和曾氏一起放了。

四十八 费氏刺罗

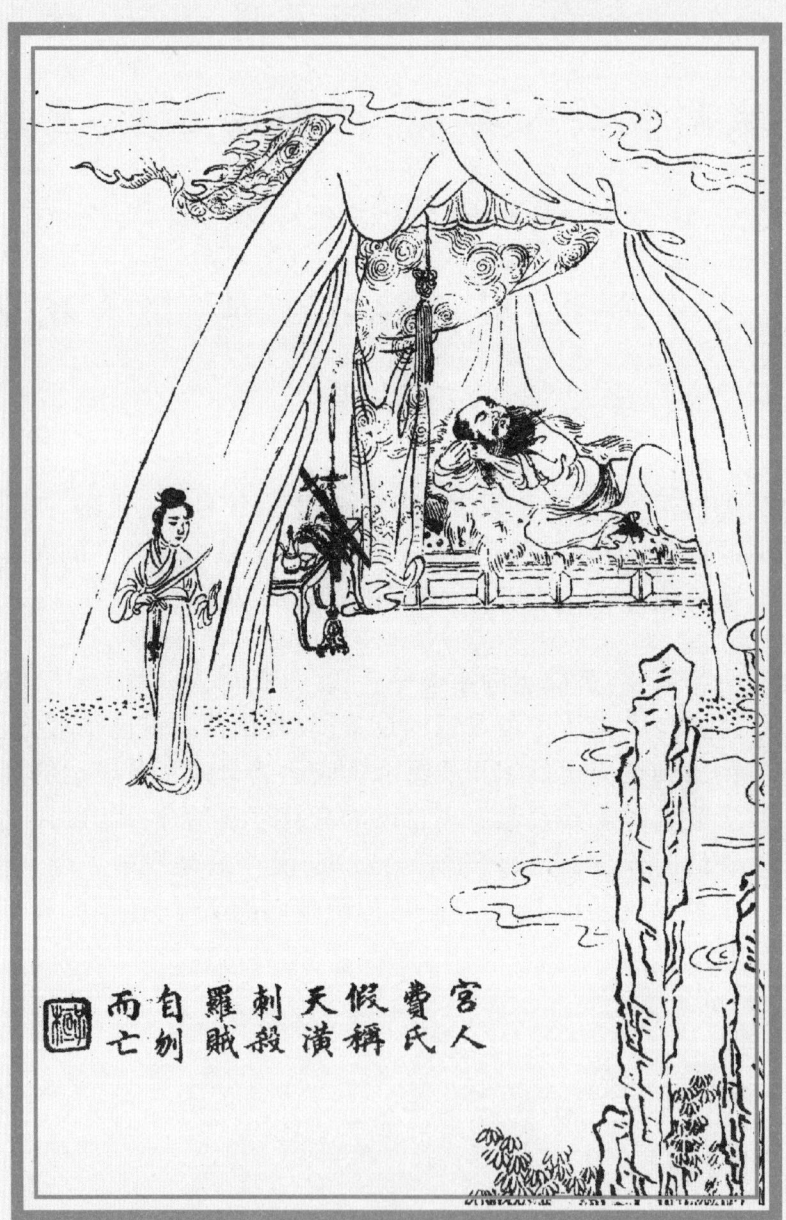

【原评】费氏投井被获,则诡称公主。及见部校,则又改充天潢。怀刃刺罗,从容不迫。智勇义烈,兼而有之。惜乎拥见自成时,为中官道破,否则被杀者当不仅罗贼一人也。

【原文】明宫人费氏,年十六。李自成破京,氏投眢井①,贼钩出,见其美,争夺之。氏绐曰②:"我长公主也③。"贼不敢逼,拥见自成。自成查询非主,以配部校罗某④。氏曰:"我实天潢⑤,义难苟合,宜择吉成礼。"罗喜,置酒极欢。氏怀利刃⑥,俟罗醉,断其喉,乃曰:"我一女子,杀一贼帅,足矣。"遂自刎。

【注释】①眢:枯井,眢井。②绐:欺骗;欺诈。③长公主:皇帝的姊妹或皇女之尊崇者的封号,仪服同藩王。后代仅为皇帝姊妹的封号。④部校:古代称军队之一部。⑤天潢:皇族,帝王后裔。⑥利刃:锋利的刀。

【译文】明朝末年有个宫女费氏,十六岁。李自成攻破京城,费氏藏在枯井井底,贼寇把她钩出来,见她美貌,争相抢夺她。费氏骗他们说:"我是皇上的姊妹。"于是贼寇们不敢强迫她,推她去见李自成。李自成查问一番后知道她不是真的长公主,便把她许配给部校的罗某。费氏对他说:"我真的是皇族,义理上是不能苟且结合的,应当选择一个好日子然后成婚。"罗某听了以后很高兴,就摆了酒席一夜畅饮。费氏怀里藏着一把锋利的刀,等罗某喝醉了,就割断了他的喉咙,然后说:"我一个女子,能够杀死一个贼兵的元帅,我已经心满意足了。"然后就拿刀自刎了。

四十九　杵臼救孤

公孙杵臼
保赵国
良使婴
谬言首
死义
全孤

[原评] 杵臼死后，程婴匿真孤山中十五年。韩厥言于景公，立赵氏后，是为赵武。遂攻屠岸贾，灭之。武既冠，婴曰："昔下宫之难，我非不能死，欲存赵后，今宜下报宣孟杵臼。"遂自杀，武号泣，齐衰三年，奉祀不绝。

【原文】周晋公孙杵臼与程婴为赵朔客①。屠岸贾杀朔,复索朔之遗孤②。程婴欲保之,杵臼乃取他人儿匿山中,使婴谬首曰③:"与我千金,吾告赵氏孤处。"贾诸将随婴攻杵臼,杵臼谬曰:"小人哉程婴也,纵不能立孤,而忍卖之乎④?"遂杀杵臼及孤儿。其赵氏真孤,乃在程婴处也。

【注释】①客:门下的客人。②索:搜索。遗孤:死者遗留下来的孤儿。③谬:欺诈;迷误。首:告发别人的罪。④卖:背地里害人以利己。

【译文】周朝的时候,晋国的公孙杵臼和程婴都是赵朔的门客。后来屠岸贾把赵朔杀了,又找赵朔留下的孤儿,程婴想保护那孤儿,公孙杵臼就抱了一个别人的孩子躲藏在山里,让程婴假装去告发,说:"只要你们给我一千金子,我就告诉你们赵氏孤儿所在的地方。"屠岸贾就派了将领跟随程婴去攻打公孙杵臼,公孙杵臼又假装很恨程婴的样子,对他说:"程婴你这个小人!就算你没有能力抚养孤儿,难道你就忍心拿他卖钱吗?"于是屠岸贾就把公孙杵臼和孤儿杀了。而真正的赵氏孤儿,却仍在程婴那里。

五十 干木逾垣

干木富义
高卧草庐
踰垣而避
文侯式闾

【原评】逾垣而避,古者不为臣不见之义也。贤者以道自重,以义自处,未尝不愿见诸侯,亦未尝不欲为诸侯所见。惟于义当见即见,不当见即不见,非故意自高也。文侯式其闾,秦兵避其境,皆钦其德义尔。

【原文】周魏段干木高尚不仕,师事卜子夏。文侯欲见之,造其门①,干木逾垣而避②。文侯过其闾,必式③。御者问曰④:"干木,布衣也,君式其庐,不已甚乎?"文侯曰:"干木光乎德,寡人光乎地;干木富乎义,寡人富乎财。安敢不式?"尝高卧原上草庐中⑤,秦人侵魏,闻其行谊⑥,不入而解兵。

【注释】①造:到,去,造访。②垣:矮墙,墙。③式:通"轼"。以手抚轼,为古人表示尊敬的礼节。④御者:驾车的人。⑤高卧:安卧,悠闲地躺着。⑥行谊:品行,道义。

【译文】周朝时魏国的段干木品行高尚,不肯做官,拜卜子夏为师学习。魏义侯想见他,去他家里造访,段十木翻越围墙逃了出去。魏文侯坐车经过段干木的家门,一定要以手抚轼,表示尊敬。驾车的人问道:"段干木是一个普通百姓,您在他家门口行敬礼,不会太过分了么?"魏文侯说:"段干木因他的道德而光荣,我因为土地而光荣;段干木因为他的义气而富有,我因为钱财而富有。这样我怎么敢不去敬礼他呢?"有一次段干木悠闲地躺在高原上的茅舍里,秦国军队攻打魏国,知道段干木的品行高尚,于是就退了兵,不攻打魏国了。

五十一　王蠋自经

【原评】仲连义不帝秦而蹈海,秦军遂解赵围;王蠋义不就燕而自经,燕军难灭齐国。干木高卧,秦军闻义而解兵;鲁妇弃儿,齐军见义而返国。上好义,则民莫敢不服;民好义,敌国且服之矣。

【原文】周齐王蠋屡谏湣王不听①,退而耕于野。燕破齐,乐毅闻其贤,备礼请蠋,蠋谢不往。燕人曰:"不来,吾屠其邑②。"蠋曰:"国破君亡,吾何以存?与其不义而生,不如死。"遂自经③。齐士闻之曰:"蠋,布衣也,义不北面于燕④,况在位食禄者乎?"乃求湣王子法章立之。毅封表其墓而去⑤。

【注释】①不听:谓不听从别人的意见。②屠:残杀。③自经:上吊自杀。④北面:古代君见臣,面南而坐,故以"北面"指向人称臣。⑤封表:增修坟墓,以示褒扬。

【译文】周朝时齐国的王蠋,屡次劝谏湣王,湣王不肯听从,于是就辞官隐居,在郊外种田。后来燕国攻破了齐国,燕国的大将乐毅听说了王蠋的贤良,就准备了礼物请王蠋出仕,王蠋辞谢不去。燕国人说:"他如果不肯来做官,我们就要屠杀他所在地方的百姓。"王蠋说:"国家破碎君王已死,我又有什么理由继续活着?与其不仁义地活着,还不如死了。"说完就自己上吊自杀了。齐国官员听说之后说:"王蠋,一个普通的百姓,都能够讲义气不去辅佐燕王,更何况我们这些做官拿着朝廷俸禄的臣子呢?"于是就寻求湣王的儿子法章,立他为王。乐毅听说了王蠋的死,就增修了他的坟墓然后离开。

五十一 王蠋自经

五十二 栾布就烹

梁臣栾布
痛哭彭王
舍生取义
就烹何妨

【原评】栾郇侯少穷困，卖佣于齐，为酒家保奴。于燕为其主家报仇，其义已足多矣。燕王荼反，布为将，被虏。梁王彭越赎为梁大夫，越死，布独慷慨言之，其义又何壮也！燕齐之间，皆为立栾公社，义声昭著矣。

【原文】汉高祖诛彭越，枭首洛阳①，令曰："敢有收祀者捕之。"栾布使齐还，收越头，哭之，被捕。上欲烹之，曰："愿一言而死。方上之困于彭城②，败于荥阳③。越与楚则汉破，与汉则楚破④。今因征兵，王病未至而诛之，臣恐功臣皆自危矣⑤。彭王已诛，生不如死，请就烹。"上壮其义，授都尉⑥。

【注释】①枭首：斩首。②彭城：在今江苏徐州市铜山区。③荥阳：在今河南广武县。④破：击溃，攻破。⑤自危：自感处境危殆。⑥都尉：武官名。

【译文】汉高祖杀了彭越，把他的头挂在洛阳示众，下令说："有敢来收领彭越头的，就逮捕他。"栾布正巧出使齐国回来，就收了彭越的头颅，吊唁一番，因此就被捉走了。皇上想把他放在铁锅里煮了，栾布说："请让我在死之前说一句话。当皇上被困在彭城，在荥阳打了败仗的时候，如果彭越投靠了楚国，那么汉朝就被击溃了；投降汉朝那么楚国就被击溃。他的功劳是多么大啊。可是如今您为了收他的兵，他因为生病没来就被杀死了，我恐怕功臣们个个都自感处境危殆。彭越已经死了，我活着也生不如死，请您把我煮了吧。"皇上很佩服他的义气，授予他都尉官。

五十三　魏谭请食

[原评] 义不独生,一言而保全城,于章练夫人见之。然练夫人之于建封,以旧恩激其义也。魏谭之于长公,无恩可言,殆以义激义乎? 非也。谭未有意激之也,第以惟义所在,不忍独免耳,而饥寇且因此化矣。

【原文】汉魏谭,少时逃乱,为饥寇所获,同被擒者数十人,皆索缚①,以次当烹。贼见谭似谨厚,独令主爨②,暮辄就缚。贼有夷长公者,特哀念谭,密解其缚,语曰:"汝曹皆应就食,急从此去。"对曰:"谭为诸君爨,恒得遗其余③。余人皆如草莱④,不如食我。"长公义之,相晓赦遣,并得俱免。

【注释】①索缚:用绳索绑住。②爨:烧火做饭。③遗:留。④草莱:草莽。杂生的草。

【译文】汉朝有个人叫魏谭,年少时逃难,被一帮饥饿的强盗抓去了,一起被抓的还有几十个人,都用绳子绑了起来,预备第二天挨个煮了吃掉。盗贼看魏谭长得忠厚老实,就让他负责烧火,到了晚上再把他绑起来。盗贼里有个叫夷长公的,特别可怜魏谭,暗地里给他解开了绳索,对他说:"你们将来都会被吃掉的,你现在快点逃跑吧。"魏谭回答说:"我为你们烧火,常常得到你们剩下的吃,跟我一起捉来的其他人都瘦得像枯草一样,吃了他们还不如吃了我。"夷长公赞赏他的义气,就跟强盗同伴说明了道理,把他们放了,于是他们被捉去的几十个人全部都保全了性命。

五十三 魏谭请食

五十四　郑弘上章

【原评】弘之于师也，不独白其罪，雪其冤，且救其家属；不特救其家属，且躬送其丧，并躬送其家属还乡里。可谓仁至义尽矣。宜其随车致雨，白鹿夹毂而行。黄国贺之曰："三公车辐画鹿，明府必为宰相。"信然！

【原文】汉郑弘师同郡焦贶，楚王英案引贶，被捕，于道病亡，妻子系诏狱①。诸生故人，皆变姓名以逃祸。弘独髡头负鈇锧②，诣阙上章，为贶讼罪。显宗即赦其家属③，弘躬送贶丧，及其妻子还乡里。由是显名，拜为驺令④。政有仁惠，民称苏息。迁淮阴太守⑤，后拜尚书令，为太尉。

【注释】①诏狱：奉旨办理的案件。②髡：剃去头发。鈇锧：古代腰斩时所用刑具。③属：同一家族的。④驺：在今山东驺城市。⑤淮阴：在今江苏淮安市淮阴区。

【译文】汉朝的郑弘认同乡的焦贶做老师，跟着他读书。后来楚王英案发生了，牵连了焦贶，焦贶被捉走，在半路上生病去世了，他的妻子们也被送进监狱。一时间焦贶的学生旧友，都改换了姓名来躲避灾祸。惟独郑弘剃去头发，背着腰斩用的刑具，到了皇帝的宫殿呈上奏章，为焦贶伸冤。于是显宗就饶恕了焦贶的家人，郑弘亲自去给焦贶送丧，又护送他的妻子孩子回到家乡。郑弘因此出了名，做了驺的县令。他为政仁慈惠爱，人民疲惫的精神得到了休养。郑弘后来升官做淮阴太守，后来又任命为尚书令，又做了太尉。

五十四 郑弘上章

五十五　廉范狱卒

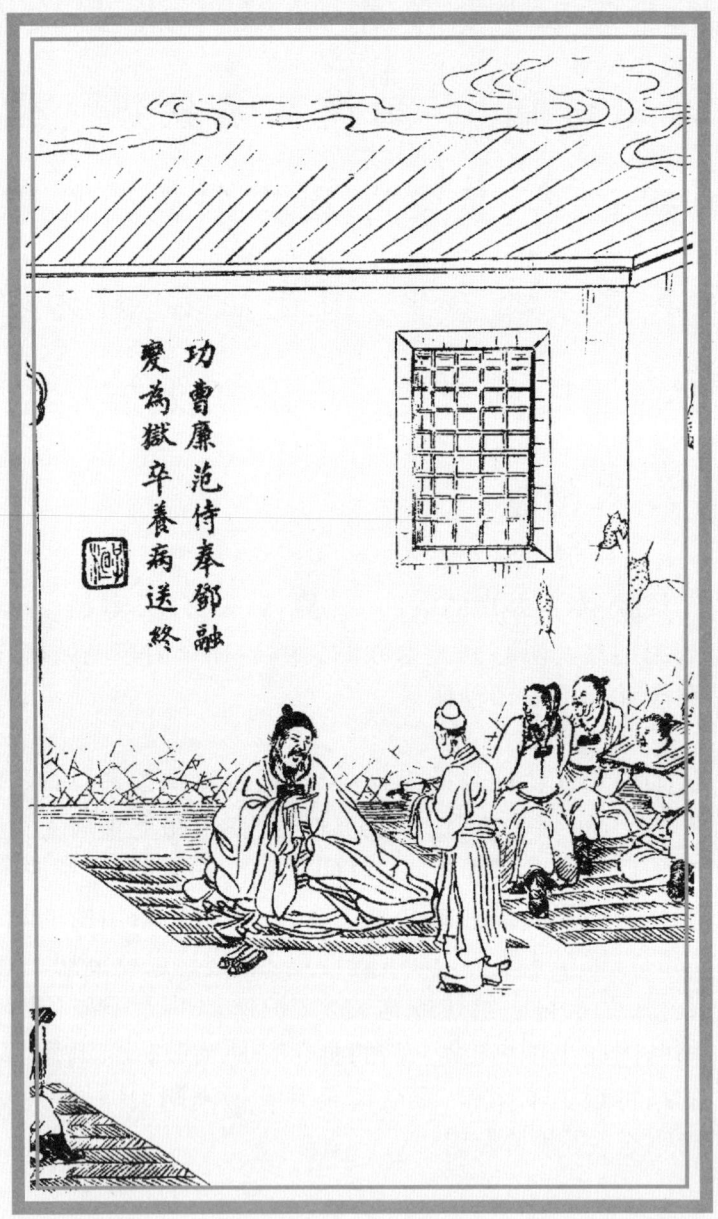

功曹廉范侍奉邓融
爱为狱卒养病送终

【原评】范之于邓融，义矣。而其于薛汉，亦足述焉。汉坐楚王事诛，故人门生莫敢视，范收敛之。后为蜀郡太守，民歌曰："廉叔度，来何暮。"许止净谓其笃于师资之情，深于知己之感。故能上不负国，下不负民也。

【原文】汉廉范受业于薛汉①,为邓融功曹②。融为州所举案③,范知事谴难解,托病去,融恨之。范至洛阳,变姓名,为狱卒。融下狱,范侍左右,尽心勤劳。融怪其貌类范,曰:"卿何似我故功曹耶?"范呵之曰④:"君瞀乱耶⑤!"融系出困病,范随养之。及死,竟不言。身自送丧,致南阳⑥,葬毕,乃去。

【注释】①受业:跟从老师学习。②功曹:官名。汉代郡守有功曹史,简称功曹,除掌人事外,得以参预一郡的政务。③举案:揭发审查。④呵:怒责,大声发怒地喝斥。⑤瞀乱:紊乱;纷乱。⑥南阳:在今河南南阳宛城区。

【译文】汉朝时候,廉范跟从薛汉学习,后来做了邓融的功曹官。邓融被州里揭发审查,廉范知道这件事情很难解决,就假托自己有病离开了,因此邓融心里很恨他。廉范到了洛阳,更改了姓名,做了监狱里的一个小卒。邓融被投到监狱后,廉范服侍在他身边,十分尽心尽力。邓融看他长得很像廉范,心里觉得很奇怪,就问廉范说:"你为什么长得这么像我以前的功曹呢?"廉范就呵斥他说:"你一定是神经错乱了!"后来邓融出狱了,但已经病得很重,廉范就跟着侍奉他。等到邓融去世,也没有说出自己的真实身份。廉范亲自护送他的灵柩到南阳,安葬之后才离开。

五十六 臧洪死友

臧洪死友　救友泣兵　請兵跋執　不被屈義　輕生重

[原评]当袁绍杀洪时，陈容谓绍曰："将军为天下除暴，而先诛忠义，岂合天意乎？"绍惭，谓曰："汝非臧洪俦，何言为？"容曰："仁义岂有常。蹈之则君子，背之则小人。今日宁与臧洪同死，不与将军同生也。"遂亦被杀。

【原文】 汉臧洪，字子源，为东郡守①。曹操攻张超急，超曰："唯臧洪当来救我。"众曰："袁曹方睦②，洪为袁所表用③，必不败好以招祸④。"超曰："子源天下义士，终不背本。"洪果徒跣号泣⑤，从绍请兵赴难，绍不从，超遂自杀。洪由是怨绍，不与通。绍举兵攻之，城陷，执洪，欲服之，不屈，遂被杀。

【注释】 ①东郡：在今山东莘县朝城镇一带。②方：正在，正当。③表用：上表推荐，请予任用。④好：和好。⑤徒跣：赤脚步行。

【译文】 东汉末年时，有个臧洪，字子源，是东郡的太守。那时曹操攻打张超，张超情况非常危急，张超说："只有臧洪一定会来救我的。"大家就说："袁绍和曹操现在很和睦，臧洪是袁绍提拔的人，他一定不会伤了和气去招惹祸事的。"张超说："臧洪是天下有义气的人，一定不会忘本的。"果然臧洪听闻此事后，赤着脚哭号着来找袁绍，请求带兵救难，袁绍不肯答应，张超后来就自杀了。从此臧洪很怨恨袁绍，不和他往来。袁绍派兵攻打他，城被攻破，捉住了臧洪，想让他投降，臧洪不肯屈服，于是被杀。

五十六 臧洪死友

五十七　王修哭谭

王修高义
痛哭袁谭
若得收葬
全戮亦甘

【原评】王修之哭谭，出于至情，其哭母则出于至性，故乡里为之罢社。孔融以修为胶东令，融在北海，修闻北海有反者，星夜往视。融初谓左右曰："能冒难而来者，唯王修耳。"言未卒而修至。其孝义有如此者。

【原文】汉王修为袁谭别驾①,劝谭兄弟相睦,谭不从。及曹操杀谭,号其首于北门②,令曰:"有敢哭者灭三族③。"修布冠衰服,哭于头下。左右拥修至,操曰:"汝不顾三族耶④?"修曰:"生受恩命,死而不哭,非义士。吾受袁氏厚恩,若得收尸殡葬,虽全家受戮,亦无恨矣。"操叹其义而礼之。

【注释】①别驾:官名。亦称别驾从事,通常简称"别驾"。汉置,为州刺史的佐官。②号:号令。③哭:吊唁,祭奠死者并慰问家属。④三族:有几种说法。一谓父、子、孙。二谓父族、母族、妻族。三谓父母、兄弟、妻子。

【译文】东汉末年有个王修,给袁谭做别驾官,他劝袁谭要和兄弟们睦相处,袁谭不听。到后来袁谭被曹操杀死,把他的头挂在北城门上示众,并下令说:"如果有人敢来吊唁袁谭,就灭了他的三族。"王修穿戴着丧服,在袁谭的头底下痛哭。曹操的手下把王修捉到了曹操面前,曹操问他说:"你不顾及你三族的性命了吗?"王修说:"生前受人恩惠,死了以后不去吊唁他,不是有义气的人做的事情。我以前得到了袁谭的厚待,如果能得到他的尸骨去安葬,就算我全家上下都被杀死了,我也没有什么悔恨的。"曹操感慨王修的忠义,就用礼对待他。

五十八　张飞断桥

> 桓侯
> 护主瞋目
> 横矛义声
> 昭著长坂
> 桥头

【原评】 桓侯雄壮威猛，亚于关公，魏谋臣程昱等，咸称为万人敌。至其精忠义，妇孺皆知。其破巴郡，获守将严颜，欲降之。颜曰："我州但有断头将军，无降将军。"侯义而释之，且引为上客焉。

【原文】汉张飞,字翼德,涿郡人①。少与关羽同事先主,羽年长,飞兄事之。曹操入荆州,先主奔江南②。操追之,一日一夜,及于当阳之长阪③,先主弃妻子而走,使飞将二十骑拒后。飞立长阪桥头,据水断桥,瞋目横矛④,曰:"身是张翼德也,可来决死!"敌无敢近者。先主以是得脱。

【注释】①涿郡:在今河北涿州市。②江南:长江以南的总称。③当阳:湖北县名。今湖北省当阳市。④瞋:睁大眼睛瞪人。矛:古代用来刺杀敌人的长柄兵器。

【译文】三国时候,蜀汉的张飞,字翼德,是涿郡人。年轻时和关羽一起侍奉刘先主,关羽的年纪大些,张飞就以兄弟的礼仪对他。曹操进入荆州,先主就逃到江南。曹操派精兵追他,追了一天一夜,追到了当阳的长阪,先主抛下妻子逃走,让张飞率领二十个骑兵断后。张飞立在长阪的桥头,占据了水势,弄断了桥,怒目横矛,说道:"我就是张翼德,哪一个敢来和我拼个死活!"敌人没有一个敢靠近他的。先主因此得以逃脱。

五十九 敏元奋剑

【原评】荀巨伯遇寇,愿代友死,以其病也;刘敏元遇盗,愿代管平死,以其老也。巨伯尚为其友,而敏元仅为其同郡。盗长且欲舍之,而一盗弗听,此不义孰甚。敏元竟奋剑欲为盗长除此盗,其义尤不可及。

【原文】 晋刘敏元，字道光，励己修学，好星历阴阳术数①。永嘉之乱②，同郡管平，以年老从敏元西奔，为盗所劫。敏元谓贼曰："此公余年无几③，愿以身代。"盗长欲舍之④，内有一盗不听。敏元奋剑前曰："吾岂望生耶？愿与诸君除此人。"盗长遽止之⑤，曰："义士也。"俱免之。后为太尉长史⑥。

【注释】 ①星历：天文历法。②永嘉：怀帝年号。③无几：没有多少；不多。④舍：免罪或免罚；释放。⑤遽：就。⑥太尉长史：官名。

【译文】 晋朝人刘敏元，字道光，修身好学，喜欢研究星历阴阳术数。永嘉年间，天下大乱，同乡管平因为年纪大了，跟着刘敏元向西逃亡，被强盗劫去。刘敏元跟强盗说："这位先生年纪大了，剩下的寿命不多了，我愿意用我的生命代替他的。"强盗的头儿想放了他们，但其中一个强盗不肯，刘敏元提起宝剑挺身向前，说："我难道是贪生怕死的人吗？请让我替你们把这个人除掉。"强盗头儿就制止了他，说："你真是个有义气的人。"于是把他们两人都放了。刘敏元后来做了太尉长史。

六十　温峤求粮

温峤讨贼
向侃求粮
义旗所指
决胜疆场

【原评】温太真聪明有识,博学能文,丰仪秀整。其力护太子,版击钱凤,疏奏王敦,皆忠义之气为之。陶侃虽为盟主,规略一出于峤,卒斩苏峻。惟绝裾一事,不无短处。然既受使命,殆亦忠义之气激之使然尔。

【原文】晋温峤，与陶侃共起兵讨苏峻，求粮于侃，侃不与。峤曰："师克在和，古之善教也。峤与公俱受国恩，若济，则主臣同祚①；如不捷，当灰身以谢先帝②。今事势又无旋踵③，譬如骑虎，安可下哉？公若沮众败事④，义旗将回指于公矣⑤。"侃悟，分米饷峤，遂水陆并进，斩苏峻于白石⑥。

【注释】①祚：福，赐福。②灰身：粉身碎骨。③旋踵：转动脚跟，比喻时间短促。④沮：阻止。⑤义旗：为正义而战的或起义的军队的旗帜。⑥白石：今南京西北的狮子山一带，历史上曾有一白下城，当即此"白石"所指。今南京有白下区人常认为古白下城之地。

【译文】晋朝时候，温峤和陶侃一起起兵讨伐苏峻，温峤就向陶侃借粮草，陶侃不给。温峤说："军队打胜仗的关键是人和，这是古时传下来的好教训。我和您一起受国家的恩典，如果事情成功，那么君臣都能够享福；如果失败，那么只好粉身碎骨向先帝谢罪。如今战事没有可回旋的余地了，就像骑在老虎背上，怎么能够跳下来呢？您如果阻止了大家，使战事失败，那么我们起义军进攻的大旗就要调转方向，指向您了。"陶侃醒悟了，于是分了粮草给温峤，水军陆军一同进攻，在白石把苏峻斩杀了。

六十一　世期义行

世期义行
饥岁解推
露骸悉殡
复育其孩

【原评】严氏之义行多矣。时逢饥馑，张迈等三人，产子欲弃，即往救之，一也；推食解衣，以赡其乏，二也；严宏等十五人，饿死露骸，悉买棺以殡埋之，三也；复存育其孩幼，四也。恩逮冥阳，存没均感矣。

【原文】南宋严世期好施慕善。同里张迈等三人，各产子，岁饥①，欲弃不举②。世期往救之，分食解衣，以赡其乏③，三子并得长成。宗亲严宏，乡人潘伯等十五人，荒年饿死，露骸不收④，世期买棺以殡埋之，复存育其孩幼。事闻，诏榜其门曰"义行严氏之闾"。复其徭役⑤，蠲租税十年⑥。

【注释】①饥：庄稼收成不好或没有收成。②不举：不养育，不抚养。③赡：供给人财物。④骸：骨头，骸骨。⑤徭役：中国古代政府规定平民无偿提供的劳役。⑥蠲：除去，免除。租税：旧时国家征收田赋和各种税款的总称。

【译文】南宋的严世期乐善好施。他的同乡张迈等三个人，都生了儿子，但收成不好，就打算丢掉孩子不养育他们。严世期前去救了这三个孩子，分了自己的食物，解下自己的衣服，来接济他们所缺少的，三个孩子才得以全部都长大成人。他族里的亲戚严宏，同乡潘伯等十五个人，在饥荒年饿死了，尸骨抛露在外没有人收敛，严世期置办了棺木，给他们安葬，又抚养他们遗留下来的小孩子。这些事情被朝廷知道后，就在他的门口表了六个字："义行严氏之闾。"并免除了他的劳役和十年的税款。

六十二 禹钧义方

禹钧设塾
教子义方
众善毕举
五桂联芳

【原评】 许止净谓窦公感祖父梦示,众善并举,遂反夭为寿,转无子为多男。不惟寿考,且登仙箓;不惟多男,且皆荣显。古训云:"命由己造。"不诚然乎?若知而不行,如入宝山空手归。其亡祖父,亦末如之何矣。

【原文】 后周窦禹钧三十无子①，梦祖父告曰："汝命无子，且寿促，速行善事。"乃置义塾②，延名儒③，给衣食，以教四方游学之士。凡宗戚有丧不能举者，葬之；孤贫不能嫁者，嫁之。后连生五子，皆显，寿至八十二岁。冯道赠诗曰："燕山窦十郎，教子有义方。灵椿一株老，仙桂五枝芳。"

【注释】 ①后周：朝代名。五代之一，公元951—960，郭威所建。②义塾：旧时不收学费的私塾。③延：请。

【译文】 后周人窦禹钧，三十岁的时候还没有儿子，有一回做梦，梦见他的祖父对他说："你命里注定没有儿子，而且寿命也很短，你要赶快多做善事。"于是窦禹钧就办了一间义塾，请了有名的先生，供给他的衣食，叫他教导一班四处游学的读书人。族人亲戚里凡是有丧事但没钱举办丧礼的，窦禹钧都会替他们安葬。凡是孤苦贫穷没办法嫁人的，窦禹钧都会帮她们出嫁。后来窦禹钧连着生了五个儿子，都地位显达，窦禹钧也一直活到了八十二岁。冯道送给他一首诗，诗里这样说道："燕山窦十郎，教子有义方。灵椿一株老，仙桂五枝芳。"

六十三　龚颖端公

端公龚颖
为叔报雠
廷击卢绛
直奏缘由

【原评】龚颖归宋后，被擢为御史大夫，廷击同朝卢绛。其言曰："一为国家除害，二为叔父报仇。"且极言绛之狼子野心，不可畜于朝中。其义也，即其忠也，亦即其孝弟之道也。故虽自请待罪，而太祖释之耳。

【原文】 南唐龚颖随主归宋①，其叔为同朝卢绛所害。颖曰："古之杀人以义者，令弗仇。今绛不义杀无辜②，若不以为仇，非所以尽忠孝之义也。"乃袖铁简入朝③，会绛陛见④，颖遽前击之⑤。太祖惊问故，颖以状对。上叹曰："江南小国，有义士若是耶！"遂诛绛。世以忠义称之，号曰"端公"。

【注释】 ①南唐：五代十国之一。公元937年李昪代吴称帝，建都金陵（今江苏南京市），国号唐，史称南唐。②无辜：没有罪恶。③铁简：铁做的简版。④陛见：谓臣下谒见皇帝。⑤遽：就。

【译文】 南唐的龚颖跟随李后主投降宋朝，他的叔父是被同在朝廷做官的卢绛杀害。龚颖说："古时的律令，如果是出于义而杀人，则不能报仇。如今卢绛用不正义的手段杀死了没有罪过的人，如果不报仇，就不能竭尽忠孝的义气了。"于是就在袖子里藏着铁做的简版，正逢卢绛谒见皇帝，龚颖就赶上前去打他。宋太祖见他这样的举动十分惊讶，就问他缘故。皇上感叹说："江南小小的国家里，竟有这样的忠义之士！"于是就杀了卢绛。世人以忠义称呼他，称他为"端公"。

六十三 龚颖端公

六十四 苏轼还屋

苏轼夜行闻妪悲声焚券还屋义重婚轻

【原评】世之卖屋者多矣,然非至必不得已之时,孰肯将其百年祖产,委之他人乎?而买屋者不计也。苏公固尝闻其母读范滂传,而欲效滂之忠义也,一旦闻妪哀哭,毅然焚券归屋,盖亦义之所至尔。

【原文】宋苏轼,字子瞻,自号东坡居士①。尝居阳羡②,以五百缗买一宅③。将入居,偶夜行,闻老妇人哭极哀。公问妪何为哀伤如是,妪言旧居相传百年,一旦诀别④,所以泣也。问其旧居所在,即已五百缗所买之屋也。乃取券焚之⑤,不索其值而还其屋。遂归毗陵⑥,不复买地。

【注释】①东坡:地名。在湖北省黄冈市黄州区东。②阳羡:在今江苏宜兴市。③缗:古代计量单位;钱十缗(即十串铜钱,一般每串一千文)。④一旦:一天;一天之内。⑤券:契约。⑥毗陵:在今江苏常州市武进区。

【译文】宋朝的苏轼,字子瞻,自号东坡居士。曾经居住在阳羡,用五百千文买了一座房子。快搬进去的时候,一次偶然在晚上走路,听到有一个老妇人哭得非常悲伤。苏东坡就问她为什么这么伤心,老妇人说自己的老房子从祖上传下来已经一百多年了,一天之内就要和它永远告别,所以才哭泣。苏东坡问她的房子在哪,原来就是他用五百千文买的那座房子。于是苏东坡取出房契,烧掉了,不跟她讨回契价,就把房子还给了她。于是回到毗陵,不再买地。

六十四 苏轼还屋

六十五 文之不屈

文之抗敌
孤守兼旬
乏援被掳
义不屈身

【原评】食其禄,守其土,闻寇自逸而弃其民,则不义孰甚,文之有鉴于此。故明知事不可为,而提兵抗敌,义也;被掳不屈,义也;授官不受,亦义也。金虏重之,王忭奏之,宋主叹美之。彼孔福辈,当愧死无地矣。

【原文】宋张文之通判濠州①。金兵至，守孔福谋夜逸②，文之曰："果尔轻动，奈城何？"因提兵，与敌持十余日，经二十余战，卒以无援被虏。执送燕山③，欲授以官，义不屈。将囚之土窟④，曰："吾世受宋恩，岂忍负国？"虏重之，稍宽桎梏⑤。后王忭申和议，见状还奏，上为叹惜，给其家，官其子。

【注释】①通判：官名。宋初始于诸州府设置，即共同处理政务之意。濠州：在今安徽凤阳县。②守：知州。③燕山：即今北京。④窟：洞穴。⑤桎梏：脚镣和手铐。

【译文】宋朝的张文之在濠州做通判。金国的军队打进来了，太守孔福打算连夜逃跑，张文之对他说："你如果轻举妄动，要把城池怎么办呢？"于是就带兵和敌人抗战十多天，经过二十多次战役，最终因为没有援兵被俘虏。金兵把他押送到燕山，要授予他官位，张文之不肯屈服。于是金兵要把他囚禁在洞穴里，张文之说："我的祖先世世代代承受宋朝的恩典，我难道能忍心背叛我的国家么？"金人也很敬重他的义气，把他的脚镣和手铐稍微宽松了一些。后来王忭到金国议和，看到这般情形，回去就奏明了皇上，皇上听了也十分叹惜，就接济了他的家里，并让他的儿子做了官。

六十六 蔡伸发廪

蔡伸义赈
阖宇发仓
守者不可
得咎独当

【原评】天下亲民之官惟守令。故一邑有循吏,则一邑受泽;一郡有循吏,则一郡受泽。虽圣明在上,而距离较远,设当危急非常之际,见义而不行权,则民不得其所者多矣。得咎即独当之,有何不可乎?

【原文】宋蔡伸，字申道，政和进士①，历太学博士②，迁通判真、饶、徐、楚四州③。在真州日，火延烧千余家，州民露处雪中，老幼号呼盈道。伸辟寺宇官廨分处之④，且发常平廪以赈给。守者不可，伸曰："此国家所以备非常也，如得咎，请独当之。"事闻，朝廷释不问。改知滁、和等州⑤。

【注释】①政和：宋徽宗年号。②太学博士：官名，太学教授。③真州：在今江苏仪征市。饶州：在今江西鄱阳县。徐州：在今江苏徐州市铜山区。楚州：在今江苏淮安市淮安区。④廨：官署。旧时官吏办公处所的通称郡廨、公廨。⑤滁州：在今安徽滁州市琅琊区和南谯区。和州：在今安徽和县。

【译文】宋朝人蔡伸，字申道，是政和年间的进士，历任太学博士，后升官做真州、饶州、徐州和楚州四州的通判。在真州做官时，大火延绵，烧毁了一千多户人家，真州的百姓露宿在雪地里，老少悲惨的哭声响彻道路。蔡伸下令开放寺庙和衙门的房子，分给百姓居住。又开放粮仓发放粮食赈济他们，管粮仓的人不肯，蔡伸说："这是国家储备用来有重大事故发生时使用的，如果有任何怪罪，我一个人承担。"后来这件事情上报给朝廷，朝廷宽恕了他不多过问，把他调到滁州、和州等地方做官。

六十七 南疆伸冤

南疆救亮怒髮衝冠
義責同學不避艱難

【原评】 云敞之于吴章,郑弘之于焦贶,廉范之于薛汉,汉代之尊师重义者多矣。然皆于师死后,门人不敢葬,而独冒死葬之。乃喻南疆之于陈亮,竟义责同门,怒发冲冠,救师于生前,尤足为事师者法。

【原文】宋喻南疆，少负气节。从陈亮游时，当路欲排善类①，指亮为叛首，锻炼刺骨②。门人噤不敢言③。南疆义责同门④，谓："吾师无辜蒙罪⑤，吾曹为弟子⑥，当怒发冲冠。乃影响昧昧⑦，是为人类乎？"亟走见叶适⑧，适曰："子真义也。"即秉烛作数字⑨，南疆持之去，伸讼诸公卿间，亮冤遂白。

【注释】①当路：掌握政权的人。善类：善良的人；有德之士。②锻炼：指残酷的刑罚如同冶炼金属一样。刺骨：指恨之入骨。③噤：闭口不说话。④同门：指同在一个老师门下的受业者。⑤辜：通"故"，原因，缘故。⑥吾曹：我辈；我们。⑦昧昧：无声无息。⑧亟：急切。⑨秉烛：拿着蜡烛。

【译文】宋朝人喻南疆，年少时就很有气节。跟随陈亮游学时，当时的执政者想排挤一帮有德之士，说陈亮是叛徒的首领，对他恨之入骨，动用了残酷的刑罚。陈亮的弟子们都不敢说话。喻南疆仗义地指责他的同学们说："我们的老师无缘无故地蒙受罪责，我们作为老师的弟子，应当怒发冲冠，替老师申辩。你们却表现得无声无息，这样还算人吗？"于是急忙赶去见叶适，叶适说："你真的是很有义气。"于是就点了蜡烛，写了几个字，叫喻南疆拿了去，在诸位公卿之间替陈亮申诉，陈亮的冤屈才得以明白。

六十八　有俊赎女

宋丰有俊
偶登青楼
故人之女
贷嫁弥周

【原评】堕落青楼，至可哀也，况故人之女乎？赎之不容缓矣。乃仅有钱八千，竟向王佐贷二百千，以赎而嫁之。其义诚可嘉焉！而佐亦唯命是听，一以有旧而赎其女，一以有旧而贷其赀，佐之义亦未可没也。

【原文】宋丰有俊登青楼①，见幼妓疑为故人女，屡目之，女亦悟②。酒罢，羞涩留宿。丰诘之③，果故人女。丰曰："某所以留者，以席间不得问也。宜各寝，必有以处汝④。"丰与京尹有旧⑤，翌日，以白尹曰："某仅有钱八千，从公更贷二百千⑥，嫁之。"尹嘉其义，即载入府，厚具奁⑦，为择良士嫁之。

【注释】①青楼：指妓院。②悟：理解，明白，觉醒。③诘：追问。④处：决定，决断，处理。⑤京尹：京师的地方长官。⑥千：数目，十个一百。⑦奁：女子梳妆用的镜匣。奁资，女子出嫁时，从娘家带到婆家的财物。

【译文】宋朝的丰有俊有一次去妓院，见到一个年纪很轻的妓女很像老朋友的女儿，心里很疑惑，就一直看她，那个妓女也有点明白了。喝完酒后，就羞涩地留他过夜。丰有俊追问她，果然是朋友的女儿。丰有俊对她说："我之所以留下来，是因为在席间不方便问你。我们现在应当各睡各的，以后我一定对你有个交待。"丰有俊跟京城的地方长官有旧交情，第二天，就去对那长官说："我只有钱八百千，从你那再借二百千，给她找个人家嫁了。"地方长官很欣赏丰有俊的义气，就把那个女孩接到官府，置办了丰厚的嫁妆，选了一个品行良好的读书人，嫁给了他。

六十九 留台拾金

留臺貧困 浴室拾金 見義思不肯 欺心

【原评】刘留台自少极贫,专事趋谒,乡人且无不厌之。乃至贫不能自存之际,骤得八十五片之金,悉数还之,盖其不忍人之心,与罗伦之命仆还钏无异。彼好取不义之财者,读此传能无愧也否耶?

【原文】宋刘留台家贫，在浴堂中拾一金袋①，托疾不去。翌晨，有商人号泣寻至，刘悉付还，不受酬。人责之，答曰："掩他人物以为己有②，是欺心矣。况商人辛勤所积，失之必痛。苟或不得，必死于非命矣。"人皆服其义。后一举登第③，官至留守④。五十年间，子孙在仕途者，二十三人。

【注释】①金袋：装着金子的袋子。②掩：夺取。③登第：即"登科"。科举考中进士。④留守：古代官名。皇帝出巡或亲征时指定亲王或大臣留守京城，得便宜行事，称"京城留守"；其陪京和行都亦常设"留守"，以地方行政长官兼任，总理军民、钱谷、守卫事务。

【译文】宋朝人刘留台家里很贫困，有一天他在澡堂里捡到了一袋金子，他就借口自己生病了不离开。第二天早晨，有个商人哭着来找金子，刘留台悉数奉还，也不肯接受商人的酬谢。别人责问他，他说："把别人的东西占为己有，是蒙蔽自己的内心。更何况商人的钱是辛苦积攒的，丢了以后一定十分痛心。如果他找不到，一定会寻短见的。"人们都很钦佩他的义气。后来刘留台一举考中了进士，官做到了留守。五十年里，子孙中做官的有二十三个人。

七十　道明危坐

羽士道明
不拜元兵
讀書危坐
死義殉城

【原评】守土之士,与城俱亡,义也。若方外之士,到处为家,似无庸死义矣。然其时,元恶大憝,至一州则一州破,至一县则一县残,国之将亡者几希矣。与其不义而降元,孰若死义以殉国。录道明以概其余耳。

七十 道明危坐

【原文】宋徐道明，常州人①，为天庆观道士。德祐初②，元兵围城，道明晋谒郡守姚訔③，请曰："君侯计将安出？"訔曰："死守而已。"道明亟还④，告其徒曰："姚公誓与城俱亡，吾属亦不失为义士⑤。"城破，元兵屠城，道明危坐，焚香读《老子》书。兵使之下拜⑥，不顾，以刀胁之⑦，亦不为动。遂死焉。

【注释】①常州：今江苏常州市武进区。②德祐：少帝年号。③谒：拜见，请见。④亟：急切。⑤属：同辈。指同一类人。⑥下拜：跪下而拜。⑦胁：胁迫。

【译文】宋朝末年时候，有个徐道明，是常州人，在天庆观做道士。德祐初年，元兵围困了常州城，徐道明前去拜见郡守姚訔，问他说："您有什么计策呢？"姚訔说："以死相守罢了。"徐道明急忙赶回去，告诉他的徒弟们，说："姚公发誓和常州城同存亡，我辈也不失为有义之士。"城池最终被攻破，元兵屠杀城内的百姓，徐道明端正地坐着，焚着香，诵读《老子》书。元兵让他跪下磕头，徐道明不理他；元兵用刀威胁他，他仍旧一动不动。于是就被杀死了。

七十一　世杰拒招

宋张世杰
元将招之
三使三招
义不可移

【原评】世杰之为宋室也至矣。恭帝被执,即立端宗。端宗崩,又立帝昺。昺死,又拟别立赵氏以存祀。至海陵山下,飓风大作,乃登舵楼,露香祝告,仰天呼曰:"天不欲存赵氏,则风覆吾舟。"舟遂覆,世杰死而宋亡。

【原文】宋末,张世杰奉帝昺驻厓山①,元将张弘范袭之,世杰力战,弘范无如之何。世杰有甥韩某在元军中,弘范三使韩招之。世杰不从,曰:"吾知降且富贵,但义不可移耳。"厓山破,陆秀夫负帝投水死,世杰以小舟奉杨太后脱去。太后闻帝昺死,亦赴海死,世杰葬之海滨②。

【注释】①**奉**:敬辞,用于自己的举动涉及对方时。②**海滨**:海边;沿海地带。

【译文】宋朝末年时候,张世杰奉帝昺的命令驻扎厓山,元朝将领张弘范攻打厓山,张世杰奋力抗战,张弘范拿他没有什么办法。张世杰有个外甥韩某,在元朝的军队里,张弘范就三次派韩某劝张世杰投降。张世杰不肯,他说:"我知道投降后可以得到荣华富贵,但一个人的义气是不能改变的。"厓山最终被攻破,陆秀夫背着皇帝投到水里死了,张世杰用小舟载着杨太后逃跑。太后听说皇帝昺死了,也投到海里自杀,张世杰就把她埋葬在海边。

七十一 世杰拒招

七十二　敬益归田

元魏敬益
好义悯贫
买田十顷
复归庄民

【原评】 先是有王荐者好义，遇岁旱，尽出储粟赈之，粟竭，即以己田易谷百石，分给之。而敬益，则凡男女失时者出资嫁娶之，老弱之饥者为糜以食之，甚至尽归所买之田。丞相贺太平叹曰："世乃有斯人哉！"

【原文】元魏敬益，好义博施。有田十六顷①。一日，语其子曰："吾买四庄村之田十顷②。环村之民，不能自给，吾深悯焉。今将以田归其人，汝等谨守余田，可无馁也③。"乃呼四庄民谕之曰："吾买若等田，使若贫不聊生，吾不仁甚矣。请以田仍归若等。"众皆愕眙不敢受④，强与之，乃受。

【注释】①顷：中国市制田地面积单位。一顷等于一百亩。②庄：村落，田舍。③馁：饥饿。④愕眙：惊视。

【译文】元朝人魏敬益，重义气，乐善好施。一天，他对他的儿子们说："我买了四庄村的农田一千顷。环顾这些村庄的村民，都不能够养活自己，我十分可怜他们。现在我要把这些农田归还给他们，你们以后只要谨慎地守着剩下的农田，就不至于挨饿了。"于是就叫来了四庄村的农民们，对他们说："我买了你们田地，使你们穷得不能生存，是我不仁义。现在仍旧把田地归还给你们。"众人都惊讶地说不出话，不敢接受。敬益一定要还给他们，他们才接受了。

七十三　殖母遣子

杞殖之母遣子力行
生而有义死而有名

【原评】殖之妻深明于礼,而殖之母更明于义。其勉子以生而有义,死而有名为言,是即孟子所谓舍生取义也。夫义,路也;礼,门也。不出入此门,焉能由此路?则殖母明义,且明礼焉。有是母,宜有是妻矣。

【原文】周齐杞殖之母，慷慨明大义。殖在齐以勇闻，齐侯将伐卫，为车五乘之宾。殖与华旋，皆不得与焉，殖深以为耻，归家不食。母曰："汝生而无义，死而无名，则虽与五乘，人孰不汝笑也；汝若生而有义，死而有名，则五乘之宾，皆为汝之下矣。"趣之食而遣之①。及战，殖与华旋先入卫军，齐师从之，乃取卫之朝歌②。

【注释】①趣：古通"促"，催促；急促。②朝歌：在今河南淇县。

【译文】周朝时候，齐国人杞殖的母亲，为人慷慨，通晓大道理。有一次，齐侯想攻打卫国，就挑选了勇敢的宾客，坐了满满五辆车。可是杞殖和另一个勇士华旋都不在这班宾客之中，杞殖觉得非常羞耻，回到家里不肯吃饭。他的母亲就说："如果你活着的时候没有做义事，死了没有好的名誉，那么即使你在这五辆车的宾客之内，别人谁不来笑话你？如果你活着的时候做有义气的事，死后又有很好的名誉，那么那五辆车子的宾客，都在你之下。"催促他吃饭然后叫他仍旧跟着齐国的军队去打仗。等到开战的时候，杞殖和华旋最先攻进敌军，齐国的军队跟在后面，于是把卫国的朝歌这个地方攻打了下来。

七十三 殖母遣子

七十四　义姑退兵

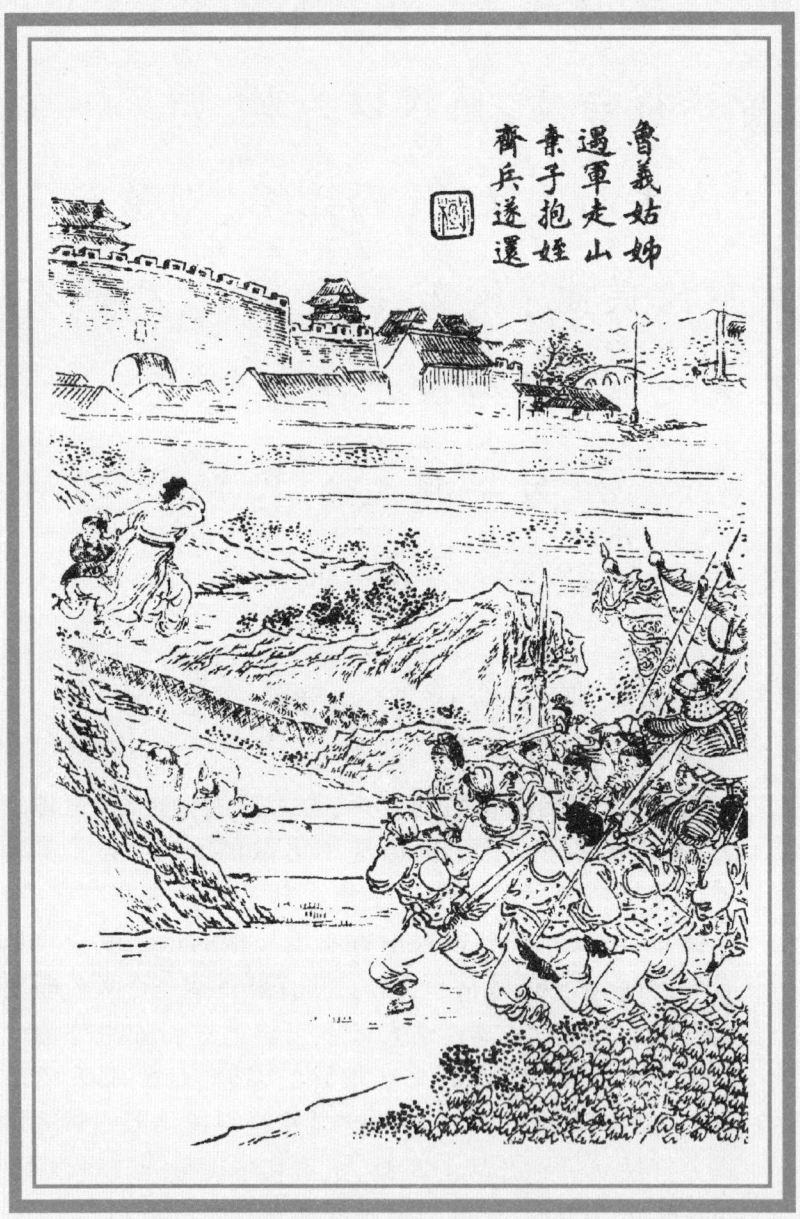

鲁义姑姊
遇军走山
弃子抱姪
齐兵遂还

[原评] 李文耕谓义姑于流离颠沛中,势不两全,忍舍己子以存兄之子,笃志深情,处义直到尽处,是诚烈丈夫识义理者之所难,而一妇人办此,百世下犹钦服焉,况齐将目及者乎？号之曰义,洵无愧矣。

【原文】 周齐攻鲁，至郊，见一妇人，携一子，抱一子。众逐之，乃弃抱者，与携者奔①。众追问之，曰："携者兄之子，弃者己子也。不能两存，宁弃己子耳。"齐将曰："兄子与己子孰亲？"曰："己之子，私爱也；兄之子，公义也。子虽痛乎，独谓义何？"齐将按兵而止②，曰："鲁之妇人，尚知行义，其可伐乎？"遂返，己子亦全。鲁侯闻之，赐以束帛③，号曰"义姑姊"。

【注释】 ①奔：疾走。②按兵：止兵。③束帛：捆为一束的五匹帛。古代用为聘问、馈赠的礼物。

【译文】 周朝的时候，齐国攻打鲁国，到了郊外，看见一个妇人，手里牵着一个孩子，怀里抱着一个孩子。齐国的士兵追赶她，她丢下了抱着的小孩子，跟牵着的孩子一起跑了。士兵们追上了她，问她为什么这样做，她回答说："刚才手里牵着的，是哥哥的孩子，丢下的是自己的孩子。我看当时的情况，两个孩子不能都保全，我宁愿舍弃自己的孩子。"齐国的将士说："哥哥的孩子和你的孩子谁更亲近？"那妇人说："对自己的孩子，是一种私人的疼爱；对哥哥的孩子，是一种无私的道义。抛弃了自己的孩子虽然心疼，但在道义面前又算得了什么呢？"齐国的将士就停止了征战，不再攻打鲁国，妇人和两个孩子都得以保全。鲁公得知了此事，就赏赐给那个妇女很多礼物，并称她为"义姑姊"。

七十四　义姑退兵

七十五 赵氏摩笄

代君夫人
赵襄之姊
义无二夫
摩笄以死

【原评】 赵夫人之处境,与季儿适成反比例。彼则夫杀其兄,而义不可留,又无所往,遂自经。此则弟杀其夫,而义不可归,亦不敢怨,遂自刺。然季儿不死,即归亦无妨,赵夫人则义不可归,此所以不得不死也。

【原文】周代君夫人赵氏①，晋赵简子之女②，襄子之姊也③。简子卒，襄子未除服④，请代君会饮，使厨人操铜枓进食⑤，乘间击杀之，遂举兵平代地，而迎其姊。赵氏叹曰："吾闻妇人执义无二夫，吾岂有二夫哉？以弟慢夫，非义也；以夫怨弟，非仁也。吾不敢怨，然亦不归。"乃登山呼天，摩笄自刺而死⑥。代人皆怜之，名其所死之山曰"摩笄"。

【注释】①代：国名，在今河北蔚县。②简子：赵鞅的谥号。③襄子：赵毋恤的谥号。④除服：脱去丧服。谓不再守孝。⑤枓：勺子。⑥摩：摩擦。笄：古代的一种簪子，用来插住挽起的头发，或插住帽子。

【译文】周朝的时候，代国国君的夫人赵氏，是晋国大夫赵简子的女儿，赵襄子的姐姐。那时赵简子去世了，赵襄子还没脱去丧服，就请代国的国君来饮酒，厨子拿着铜勺来上菜，趁机打死了代国国君，赵襄子就趁机举兵攻下了代国，然后迎接他的姐姐回来。赵氏叹息着说："我听说妇人从道义上说是不能有两个丈夫的，我难道有两个丈夫吗？为了弟弟怠慢了丈夫，是不义的；为了丈夫怨恨弟弟，是不仁道的。我不敢抱怨，但也不能回到赵国。"于是就登到高山山顶，大呼着苍天，用摩擦过的簪子刺死了自己。代国百姓都很怜惜她，为了纪念她，就把她死的那座山命名为摩笄山。

七十六　严姁数子

严母就腊
数子都亭
仁义教化
岂可严刑

【原评】严姁生子五人，皆官二千石，故有万石严姁之美称。其以不闻仁义教化数语，责子于都亭，复以天道神明，不可独杀等言，诀子于府舍，可谓仁至义尽。非第为万石之母，实不啻万民之父母矣。

【原文】汉严延年为尹,甚酷,河南号为屠伯。其母至洛阳,欲就延年度腊①。见报囚②,大惊,止都亭③,不入府。延年出谒,母乃数之曰:"幸备郡守,专治千里,不闻仁义教化以安民,顾多刑杀以立威,岂为民父母意哉?"延年服罪重谢,自为母御归府舍。毕腊,谓延年曰:"吾不忍见子被刑,归东海为汝扫除墓地耳。"遂去。后延年果弃市④。

【注释】①度腊:过年。②报囚:判决囚犯。③都亭:都邑中的传舍。秦法,十里一亭。郡县治所则置都亭。④弃市:古代指在闹市执行死刑并陈尸街头。

【译文】汉朝人严延年做官,十分残忍,河南人因此称他为屠伯。有一回,他的母亲到了洛阳,想和严延年一起过年,看见衙门里正在判决囚犯,大吃一惊,就在都亭住下了,不肯到衙门里去。严延年出来迎接她,他母亲就责备他说:"你有幸做了郡守,管理一千多里的地方,但听不到你施行仁政来教化安抚百姓,只看你用残酷的刑罚杀戮来树立威严,这哪里是做百姓父母官的初衷呢?"严延年承认自己的罪过,并跟母亲道歉,亲自驾车载母亲回衙门。过完年后,她对严延年说:"我不忍心看到你受刑罚,我现在要回东海,替你打扫坟墓。"说完就走了。后来严延年果然犯了死罪。

七十七　媛姜代夜

媛姜多义
中夜告夫
擕于远道
甘代受诛

【原评】从来处变之时，最足验人真情真义。媛姜于囹圄桎梏之间，兢兢焉告其夫，解其夫，代其夫，卒以保其夫，兼保其子，且保盛氏之门户。设非舍生取义，曷克至此？夫亦终身不娶，非特妻义，其夫亦义矣。

【原文】 汉盛道妻赵媛姜,犍为人①。益部乱,道聚众起兵,事败,夫妇并执系。媛姜中夜谓道曰:"法有常刑②,必无生望。君可速逃,建立门户,妾自留狱,代君塞咎③。"道犹豫未决,媛姜便解道桎梏④,为赍粮货,以五岁子翔付道,携持而走。媛姜代道持夜不失,度道已远,乃以实告,即时见杀。后道父子会赦得归,感妻之义,终身不娶。

【注释】 ①**犍为**:在今四川宜宾县。②**常刑**:一定的刑法。③**塞咎**:抵补罪过。④**桎梏**:脚镣和手铐。

【译文】 汉朝人盛道的妻子赵媛姜,是犍为人。当时益部发生动乱,盛道聚合了很多人起兵,事情失败后,夫妻两人都被官兵抓住关在牢里。媛姜在半夜对盛道说:"按照现在的刑法,你一定没有活着的希望了。你可以赶快逃走,重新组建家庭,我就留在监狱里,替你抵补罪过。"盛道犹豫不决,媛姜就解开了他的脚镣和手铐,为他筹集粮食和路费,把五岁的儿子盛翔交给了丈夫,让他带着儿子一起逃走。赵媛姜替丈夫打着更,一点也没有错误,心里计算着这个时候盛道已经跑得很远了,才把实情告诉了官兵,他们当下就把赵媛姜杀死了。后来盛道父子两人得到了朝廷赦免,回到了家,盛道感激妻子的恩义,一辈子没有再娶妻。

七十八 平阳义师

平阳公主大举义师以应高祖娘子名驰

【原评】一女子而大举义兵，统军七万，分定京师。娘子军之名，至今犹脍炙人口也。宜高祖即位，以功给赉不涯，卒谥以昭。葬加前后部羽葆鼓吹，大路麾幢，虎贲甲卒班剑，生死皆荣。亦曰："惟义所在耳。"

【原文】唐平阳公主,高祖女也,嫁柴绍。高祖起义①,主居长安,绍曰:"尊公将以兵清京师,我欲往,不能偕,奈何?"主曰:"公行矣,我自为计。"绍行,主发家资,招兵数百人以应父,谕降名贼何潘仁,申法誓众,禁剽夺②,远近咸附,威震关中③。高祖渡河,绍从南山来迎,主引精兵万人,与秦王会渭北。绍及主对置幕府④,分定京师⑤。号"娘子军"。

【注释】①起义:起兵反抗反动统治。②剽:抢劫,掠夺。③关中:在今陕西省。④幕府:古时军队主将的府署设在帐幕内,因称。⑤京师:首都。

【译文】唐朝的平阳公主,是高祖的女儿,嫁给柴绍做妻子,后来高祖起兵,公主住在长安,柴绍说:"你父亲将派兵清扫京城,我想到他那去,可是不能跟你一起了,怎么办呢?"公主说:"你走吧,我自有计划。"柴绍走后,公主就分散了家产,招了几百个士兵去接应她的父亲。又招降了当时有名的强盗何潘仁,并制定了军法,禁止士兵抢掠,于是远近的都来归附她,平阳公主的威名震惊了关中。高祖率领军队渡过黄河,柴绍从南山去迎接他,公主带领一万精兵,和兄弟亲王在渭北会和。柴绍和平阳公主夫妻二人对设了两个营盘,分兵平定京师。当时的人把平阳公主的军队称作娘子军。

七十九　郑卢冒刃

卢氏冒刃
独立卫姑
以有仁义
不畏强徒

【原评】郭燮熙谓《孟子》七篇，多言仁义，即人禽之辨，亦屡及之。学圣真际，实在于此。卢氏以一妇人，不过略涉书史，而能参透书旨，以行其所知，斯难能矣。其姑亦引岁寒知松柏之言，是又善读《论语》者。

【原文】唐郑义宗妻卢氏,略涉书史①,事翁姑以孝闻。尝夜有盗数十劫其家,人皆窜匿②,惟姑老不能去,卢氏冒刃立姑侧,为盗捽捶几死③。盗去,家人问其何独不惧,对曰:"人所以异于禽兽者,以有仁义也。邻里有急,尚相赴救,况姑也,而可委弃乎④?若万一危祸,岂宜独生?"姑感而叹曰:"岁寒,然后知松柏后凋⑤。吾今乃见妇之心。"

【注释】①略涉:不精专。②窜:逃匿。③捽:方言,揪;抓。④委弃:弃置;丢弃。⑤凋:凋零,零落。

【译文】唐朝人郑义宗,他的妻子卢氏,粗略地看过经籍史书,侍奉公婆十分孝顺。有一天晚上,有十几个盗贼到她家里打劫,人人都四散躲了起来,只有婆婆因为年纪大了逃不走,卢氏冒着刀刃站在婆婆身边,几乎被盗贼打死。后来盗贼走了,家人问她为什么不害怕,她回答说:"人之所以和动物不同,就是因为人有仁义。邻居间有了急事,都会赶过去相救,更何况自己的婆婆,怎么能舍弃呢?如果万一她有了什么三长两短,我哪里还能独自生存在这世上呢?"她的婆婆听后感慨地说道:"天寒地冻,才知道松柏的叶子是最后凋落的。我今天算是见到了我媳妇的孝心了。"

八十 奉天二窦

窦氏二女
被掠相偕
义不受辱
接踵投崖

[原评] 吕坤谓奉天二窦,烨烨载籍间,古今称义烈矣。而考史志诸书,如福州二石、南丰二乐、龙泉二汤、浙江二张、萧县二郑,皆遇盗不辱,节义成双。嗟夫!乱离妇女,诚可悲矣。尧舜在上,宁有是哉?

【原文】唐奉天窦氏二女①,长者年十九,幼者年十六。少有志操,皆美姿容。永泰中②,群盗数千人,剽掠其村,二女匿岩穴间,盗曳出之③,驱迫以前,临壑谷,深数百尺。其姊曰:"吾宁就死,义不受辱。"即投崖而死④。盗方惊骇,其妹继之,折足破面流血,群盗舍之而去。京兆尹第五琦嘉其义烈⑤,奏于朝,诏旌表门闾,永免其家丁役⑥。

【注释】①奉天:在今陕西乾县。二女:长女名伯娘,幼女名仲娘。②永泰:代宗年号。③曳:拖拽。④崖:陡立的山边。⑤京兆尹:官名。此指京都地区的行政长官。⑥丁役:成年男子的劳役。

【译文】唐朝时候,在奉天这个地方有两个女孩,大的十九岁,小的十六岁。两个人小的时候就有高尚的操守,都生得很美。永泰年间,有一群强盗有好几千人,到她们在的村庄打劫,两个女孩都躲在山洞里,强盗把她们拉了出来,赶着她们往前走,走到一个悬崖边,有几百尺那么深。姐姐说:"我宁愿去死,也不愿受他们的侮辱。"说完就跳下悬崖死了。强盗们正在惊惧的时候,她的妹妹也跟着跳了下去,跌断了腿,跌破了面孔,流了很多血,强盗们就丢下她走了。京都地区官员第五琦听说这件事后,赞赏她们的忠烈,将此事上奏给皇上,皇上下令建了一个牌坊表扬她们,并永远免去了她家成年男子的劳役。

八十 奉天二窦

八十一　李杨保城

李妻杨氏
昭著义声
责夫死守
竟保顷城

【原评】寇至当守,力不足则死焉。奉命守土,贼至而逃,谁守其土者?李侃不知而杨氏言之,卒使侃得率众乘城,杨氏复躬执爨以享众,至侃中矢归,犹曰:"君不在,人谁肯固守?"死于城犹愈于床,义声千古矣。

【原文】唐李侃妻杨氏,知大义。侃为项城令①,李希烈攻之,侃以兵少财乏欲逃,杨曰:"县不守,则地,贼地也,府库仓廪皆其积,百姓皆其战士。请重赏募死士②,尚可济。"侃乃谓吏民曰:"令虽主也,岁满则去。吏民生斯土也,坟墓在焉,宜相死守。"众泣诺,乃徇曰:"以瓦石击贼者赏千钱,以刀矢杀贼者赏万钱。"得数百人,竟保城退贼③。

【注释】①项城:在今河南项城市。②募:招募。死士:敢死的勇士。③竟:到底,终于。

【译文】唐朝人李侃的妻子杨氏,很懂得大义。李侃在项城做县官,那时李希烈去攻打他,李侃因为士兵少而且钱又缺乏就想逃跑,杨氏说:"如果你放弃了这座城,那么这些地就是贼寇的地,仓库里储存的粮食就是他们的粮食,城里的百姓全都是他们的战士了。请您用重金奖赏招募敢死的勇士,这样或许还有挽救的余地。"于是李侃就对他的部下和百姓们说:"我这个做县官的,虽然看起来是这座城的主人,但年限一满我就离开了。你们生活在这里,祖先的坟墓也在这,大家应当拚死防守。"众人流着眼泪答应了,李侃就下令说:"用瓦石击中盗贼的,赏赐一千钱,用刀箭杀死盗贼的赏赐一万钱。"于是就招募到了几百个人,终于保全了城池,打退了贼寇。

八十二 迪妻卖肉

迪妻求售
敬姑与夫
孝义兼尽
甘死市屠

【原评】吕坤曰:"劝夫归以养母,杀其身以资夫,义哉迪之妻也。设有余策,宁至是乎?乱世人情,可为痛哭,谁为君相,而使赤子遭祸如此之惨哉?有天下者,可以深长思矣。"

【原文】 唐周迪妻，尝从迪贾①，往来广陵②。会毕师铎乱，劫掠已尽，军士乏食，市肆杀人卖肉③。迪饥将绝，妻谓迪曰："穷蹙如此④，势不两全。君有亲在，不可不归，请卖妾以备行资⑤。"迪不忍，妻强与诣屠肆，卖得数千钱，以奉迪。迪行至城门，门者诘之，迪告其故，门者疑其绐⑥，偕至屠肆问状，见妻首已在枅矣⑦。迪大恸，裹余体，归葬之。

【注释】 ①贾：做买卖。②广陵：在今江苏扬州市江都区。③市肆：市场，市中店铺。④蹙：紧迫。⑤行资：路费。⑥绐：欺诈，哄骗。⑦枅：悬挂秤的横木。

【译文】 唐朝人周迪的妻子，曾跟着周迪做买卖，往来于广陵。正逢毕师铎造反，把广陵能吃的东西都抢完了，士兵们都没有粮食，市场上就把人杀死了贩卖人肉。周迪快要饿死了，他的妻子对他说："穷迫到了这般田地，我们两个人势必不能都活下去。你有父母健在，不能不回去，请把我卖了来赚路费。"周迪不忍心，妻子强行跟他到了卖人肉的市场，卖了几千钱给了丈夫。周迪走到城门口，守城门的人就盘问他，周迪告诉了他实情，守城门的人怀疑他骗人，和他一起到了市场询问，看见他妻子的头已经挂在横木上了。周迪悲痛欲绝，大哭了一场，然后包裹了妻子残余的肢体，回家安葬。

八十三　包崔尺组

崔氏早寡
义重如山
尺组为誓
送母复还

【原评】包崔氏深明乎义矣。夫死而别嫁，非义也；子幼而弃之，非义也；孤子既亡而舍姑去，非义也；母氏远来而使独还，亦非义也。不得已以尺组相誓，不为非义，卒送母去，复得听还，崔氏固权之熟矣。

【原文】 宋包縡妻崔氏早寡,子幼,誓死守义。及子殇①,其母自荆州来②,欲嫁之,谓曰:"丧夫守子,子死谁守?"崔氏曰:"女之留,非以子,以翁姑也。今翁殁姑老,将舍而去乎?"母怒曰:"我此来决不独归!"崔氏曰:"母远来,义不当使母独还。然至荆州,倘以不义见迫,必死于尺组之下③,愿以尸还包。"遂偕母去④。母见其不可夺,乃听还⑤。

【注释】 ①殇:未成年而死。②荆州:在今湖北江陵县。③尺组:指绳子。④偕:共同,在一起。⑤听:任凭,顺从。

【译文】 宋朝时候,包縡的妻子崔氏年纪很轻就守了寡,孩子年幼,崔氏发誓保守贞操,不再嫁人。后来儿子又去世了,她的母亲从荆州赶来,想让她改嫁,对她说:"夫君死了以后守着孩子,孩子死了以后守着谁?"崔氏说:"女儿之所以守节,不是因为孩子,是因为公公婆婆。如今公公去世了,婆婆年纪又大,我难道忍心丢下她一个人离开吗?"崔氏的母亲生气地说:"我这次来了就绝对不一个人回去!"崔氏说:"母亲远道而来,自然不能让您一个人回去。但我同您到了荆州以后,如果不讲义气逼迫我,我一定死在一条绳子下,让你带着我的尸体回家。"于是就和母亲一起回去。母亲见她的决心不能改变,就顺从她,让她回去了。

八十四　吴谢答贺

吴母谢氏
教子义方
道人之短
百答何妨

【原评】 吕坤曰："亡身之祸,言居其九,正使义所当言。杀身何恤,而平居谈短论长,直讦丑诋,自求切齿腐心之恨,祸将焉逃。吴母教子,可谓知所重矣,滂母有遗恨哉。"

【原文】宋进士吴贺母谢氏，教子有义方①。每贺与宾客语，母辄于屏间窃听之。一日，贺偶言人之短，母闻之大怒，客退，笞贺一百②。所亲解之曰③："臧否④，士之常，当有何过，而笞之若是？"母太息曰："吾闻爱其女者，必取三复白圭之士妻之⑤。今独产一子，使知义命⑥，而出语忘亲，岂可久之道哉？"因泣不食。贺繇是恐惧自敕⑦，卒为名人。

【注释】①义方：行事应该遵守的规范和道理。后因多指教子的正道，或曰家教。②笞：用鞭杖或竹板打。③所亲：亲人；亲近的朋友。④臧否：好坏；得失。⑤三复：三遍。⑥义命：本分。⑦繇：从，自。敕：告诫。

【译文】宋朝的进士吴贺，他的母亲谢氏，教育孩子很有义方。每次吴贺和客人说话的时候，谢氏就在屏风后面听他们讲话。有一天，吴贺偶然谈到别人的短处，他的母亲听了以后非常生气，等客人走了后，用竹板打了他一百下。有个亲戚听说了以后劝解谢氏说："讨论别人的好坏是读书人的通病，有什么严重的过错要打他打成这样子呢？"谢氏长叹了一口气说："我听说爱护女儿的人，一定要选择说话谨慎的读书人做女婿。如今我只有这一个儿子，要让他明白自己的本分，但他张口就忘了自己的母亲，这难道是长久之道吗？"因此就哭泣不肯吃饭，吴贺从此心里常怀警惧，时刻告诫自己，最终成了一个有好名声的人物。

八十五 张高义妇

义妇高氏
尚未成婚
夫替不弃
竟归张门

【原评】守义于已婚，易；守义于未婚，难。因尚未成为妇也，况别嫁之语，出自其夫乎？且也在家从父，父母将诺之矣，乃毅然数语，竟挽亲心，卒归张氏。勤力奉养，终身晏如。彼李康侯妻者，殆效法斯人哉。

【原文】宋张某妻高氏，余姚烛湖人①。未婚而张瞽②，乃使媒告高氏父母曰："吾不幸而瞽，爱女听别嫁③。"父母将诺之④。高氏涕泣曰："男女通名，祸福无改。今既字而瞽⑤，我命也。我犹弃之，谁复为之妻者？使彼因我而受冻馁⑥，我何面目立人世耶？"父母感其言，许张婚，高氏遂归于张。勤力以养，终身晏如⑦。乡里贤之，号曰"义妇"。

【注释】①余姚：浙江县名。今浙江余姚市。②瞽：盲人，瞎子。③听：任凭，顺从。④诺：答应。⑤字：旧时称女子出嫁。⑥冻馁：寒冷饥饿。受冻挨饿。⑦晏如：安定；安宁；恬适。

【译文】宋朝人张某的妻子高氏，是余姚烛湖人。还没结婚，张某的眼睛就瞎了，于是就差了媒人去告诉高氏的父母说："我不幸瞎了眼睛，叫您的女儿嫁给别人吧。"高氏的父母就要答应他。高氏哭着说："男女两家订婚后，无论是福是祸，彼此都不会更改。如今我已经许配给了他之后，他才瞎了眼睛，这是我的命。我都要抛弃他，那么还会有谁愿意嫁给他呢？如果他因为我受冻挨饿，那我还有什么面目活在人世呢？"父母被她的一番话感动了，答应她和张某结婚，于是高氏就嫁给了张某。婚后高氏勤勤俭俭地工作养活家庭，一辈子都很安宁。村里的人都称赞她的贤惠，就给她起了一个别号，叫"义妇"。

八十六 陈林义母

義母林氏
從守延平
人子己子
一樣恩情

[原评] 齐宣王时,有义母,善视前妻之子。陈林氏则善视奔走王事,眷属无依者之子,且一一延至州宅,日与游处,并使与己子同学。推其义气之所至,真可天下一家矣,岂仅为一郡之义母已哉?

【原文】宋陈韡妻林氏，知书能文。寇扰汀、邵、延平诸邑①，韡起复②，守延平兼招捕使③。林氏与韡同赴官所，曰："死则俱死。"郡人见林至，感激相谓曰："太守携家，为死守计，我辈何畏？"有从奔走王事，而妻子无依者，林氏皆延之州宅，日与游处，使其子与己子同学，由是人皆效死。及寇平，郡人怀其德，呼曰"义母"。事闻，诰封清源夫人④。

【注释】①汀：在今福建长汀县。邵：福建邵武市。延平：福建南平市延平区。②起复：古代官员遭父母丧时必须离职服丧，服丧期未满而应召任职称为"起复"。③招捕使：招降逮捕叛徒的官职。④诰：帝王任命或封赠的文书。清源：疑为今福建仙游县。或云当今福建泉州。

【译文】宋朝的时候，陈韡的妻子林氏，读过经书，能做文章。这时候强盗劫掠汀、邵、延平这几个地方。正巧陈韡服丧期已满，就在延平做太守，兼做招捕叛反的官。林氏和陈韡一同去上任，林氏说："要死一起死。" 延平的百姓看见太守带了家眷来，很感激地对她说："太守带着家室来，表现了他死守城池的决心，我们还怕什么呢？"百姓里有为了国事奔走，妻子没有依靠的人，林氏就请她们到衙门来住，每天和她们作伴，让他们的儿子和自己的儿子一起读书，因此当地人都尽心效力。等到强盗的灾患平息了以后，当地人为了纪念林氏的恩德，都称她为义母。朝廷听说这件事后，封她为清源夫人。

八十七　郭氏鬻子

郭氏鬻獄鬻子得赎
绐夫投水尽义洁身

[原评] 尤物,即祸水也,非闺房福也。一见于卖饼之妇,再见于戍卒之妻,乃不谓贫贱家妇人之义不可夺如是也。贫者若此,富者当如何?贱者若此,贵者当如何?虽然,天盖以贫贱显其妇之节义耳。

【原文】元戍卒妻郭氏，有殊色，千夫长李悦之①，时至其家。戍卒怒，欲杀李，李逃诉县，论戍卒死罪。郭日馈狱中②，狱吏亦悦之，遇戍卒甚厚，嘱戍卒以妻与之，当力保其子女。戍卒喜，以告郭，郭曰："我既以色误君，尚忍二事乎？"归鬻子女③，得三十缗④，与戍卒，绐以他往作佣⑤，自投水死。见者以白县，乃释戍卒。戍卒感其义，不再娶。

【注释】①千夫长：古武官名。②馈：以食物送人。③鬻：卖。④缗：古代计量单位。⑤绐：欺诈，哄骗。

【译文】元朝时候，有个戍守边关的士兵，他的妻子郭氏，长得很漂亮，有个姓李的千夫长很喜欢她，时常到她家里去。士兵很生气，想把姓李的杀死，姓李的知道后就跑到衙门告官，于是士兵被判了死罪。郭氏每天都去监狱里给士兵送饭，狱官看了她的美貌也很喜欢她，对待士兵优厚，叫士兵把他的妻子给他，他会尽全力保护他的子女。士兵十分欢喜，告诉了郭氏，郭氏说："我已经因美色害了你，难道还能忍受嫁两次人吗？"于是郭氏回家，卖掉了子女，得到三十千钱，交给士兵，骗他说自己要去别的地方做佣人，然后投入水中自杀了。看见的人就告诉了衙门，于是把士兵放了。士兵被她的情义感动，不再娶妻。

八十八　李张誓冰

李妇觅骨
卧冰积诚
感魂指示
葬处乃明

【原评】许止净谓张氏孝义艰贞，故令人无间言。惟竟感其夫魂，附童身，叙死事，示葬所，不亦异乎？倘妻有不良，更复何颜相对？呜呼！世风不古，道德沦亡，有夫之妇，且以放荡为平权，更何问夫死后事耶？

【原文】元李伍戍福宁死①，妻张氏卧积冰上，自誓曰："天若许妾取夫骨，当得不死。"踰月无恙②。乡人异之，相率赠钱，大书其事于衣。行至福宁，问夫葬地，则榛莽四塞③，不可识。哀恸欲绝，夫忽降附于童，言动无异，指骨所。张如言发得之，持骨祝曰④："信妾夫耶，入口当如冰雪，黏如胶⑤。"果然。官义之，使护丧还⑥，给钱使葬，复旌其门。

【注释】①福宁：在今福建霞浦县。②踰月：时间超过一个月。③榛：落叶灌木或小乔木。莽：草，密生的草。四塞：到处充塞。④祝：咒，发誓。⑤黏：粘连；胶合。⑥护丧：护送灵柩归葬。

【译文】元朝的李伍，充军到福宁后死了，他的妻子张氏卧在冰面上，发誓说："上天如果答应我让我找回丈夫的尸骨，那我就冻不死。"果然过了一个多月，她没有任何疾病。乡里人都觉得十分惊奇，于是大家都赠给她钱财，把她的事迹写在衣服外面。张氏到了福宁后，问她丈夫埋葬的地方，然而四周长满了树木野草，李伍的葬身之处已难以辨别。就在张氏悲痛欲绝的时候，他丈夫的灵魂附在一个小孩身上，说话行动都和活着的时候一模一样，把埋着尸骨的地方指给她看。张氏依照他的话挖开泥土得到了李伍的尸骨，拿着骨头说："如果你真是我丈夫的骨头，那么放在嘴里应当像冰雪一样的冷，像胶漆一样的黏。"放在嘴里，果然是这样。官府钦佩张氏的义气，于是就帮她护送灵柩归葬，给她钱办丧事，又立了牌坊表彰她。

八十九　汀妻复仇

何氏得夫告梦　游园池蛙示状　殴子伸冤

【原评】何氏，一卖饼者妇耳，相隔已十八年，中计已生二子，乃彼义气所感，神鬼钦之，梦魂兆之，池蛙状之，仇且自道之。观其自杀时怀中之十六字曰："夫出不幸，妾亦相随。曰节曰义，庶几匪亏。"能无感乎？

【原文】元罗汀妻何氏，美而艳。陈威密杀汀，百计以得何①，生二子。何梦汀曰："汝游园见蛙，我冤可雪矣。"越日②，威邀何游园，有蛙攀岸欲上。威以竹格之③，蛙仰坠，威笑曰："回思十八年前事，宛似虾蟆落水时。"何询得其实，乘夜杀二子，出诉冤，收威置极刑④。官以威产给何，何曰："妾忘夫事仇，辱身丧义，生且不愿，何以产为？"遂自杀。

【注释】①百计：谓想尽或用尽一切办法。②越日：第二天。③格：阻隔。④极刑：指死刑。

【译文】元朝时候，罗汀的妻子何氏，十分美丽。陈威秘密地把罗汀杀死了，千方百计地得到了何氏，生了两个儿子。一天晚上，何氏梦见罗汀对她说："你到花园里去游玩，如果见到了青蛙，那么我的冤屈就可以得到平反了。"第二天，陈威邀请何氏游园，有一只青蛙攀着池塘边沿，想跳到岸上。陈威用竹子阻隔它，于是青蛙就仰面掉下去了，陈威笑着说："我回想十八年前的一件事，真像这蛤蟆落水的时候啊。"何氏追根问底，陈威就告诉了她事情的真相，当天晚上，何氏乘着夜色杀掉了两个儿子，又到官府诉冤，给陈威判了死罪。官府把陈威的家产判给何氏，何氏说："我忘了丈夫和仇人一起生活，侮辱了自己的身体，丧失了节气，活在这世上都不愿意了，还要财产做什么呢？"于是就自杀了。

九十　黎女矢死

黎女既字
矢死守身
辞婚不背
由义居仁

[原评] 黎女仁义矣。其未婚夫，亦仁义也。挺身而就逮，不以难蒙父兄，非义乎？自分不得出，乃以婚辞黎女，非仁乎？以仁同仁，以义配义。舍陈濂实不足婚黎女，非黎女亦不可配陈濂，吾因录黎女而并及之。

【原文】 明黎女许字陈氏子濂,南海钟姓者①,兴巨狱以构陈氏②,濂挺身就逮③,誓不以难蒙父兄。自分不得出,使辞黎氏之婚。黎氏父母然其辞,欲为女谋别选所归,黎女矢死自决曰:"以身许人,当其有难而背之,不义。出不出未可知,不冀其出,而先以不出绝之,不仁。吾惟有俟之而已。"濂既出,黎女遂归濂焉。

【注释】 ①南海:今广东佛山市南海区。②巨:大。构:诬陷。③逮:逮捕。

【译文】 明朝时候,黎家的女儿许配给陈家的儿子陈濂为妻,这时候南海有个姓钟的人,用了一个很大的案件去诬陷陈氏,陈濂就挺身而出,被抓走了,把所有罪名揽在自己身上,这样就不会牵连到父亲兄弟。自己忖度着应该是出不去了,就差家里人辞掉和黎家的婚约。黎家父母答应了他的辞婚,想给女儿另选一个人家,黎家女儿发誓不肯嫁给别人,说:"已经许配给了人家,当他有难的时候又抛弃了他,这样做是没有义气的。他能不能离开监狱还不得而知,不去盼望他出来,反而先料想他永远出不来就拒绝人家,这样做是不仁道的。我只有等他出来罢了。"后来陈濂被放出来了,黎家的女儿就嫁给了陈濂。

九十 黎女矢死

九十一 义颛祷侄

萬姑義顛
哭天拜禱
得賜一男
忠胤以保

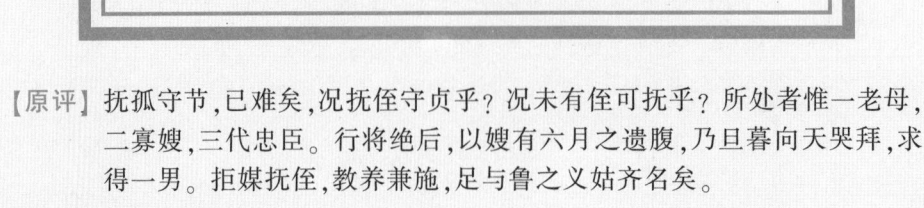

【原评】抚孤守节,已难矣,况抚侄守贞乎?况未有侄可抚乎?所处者惟一老母,二寡嫂,三代忠臣。行将绝后,以嫂有六月之遗腹,乃旦暮向天哭拜,求得一男。拒媒抚侄,教养兼施,足与鲁之义姑齐名矣。

【原文】 明万义姑,名义颛。父钟,兄文武,皆战死。家惟继母曹氏,二嫂陈氏、吴氏。吴遗腹六月,姑旦暮拜天曰:"万氏将绝,愿赐一男,续忠臣后。我矢不嫁①,共抚之。"寻生男②,名曰全,姑与诸嫠共守③。名阀来聘④,皆谢绝。训全读书,嗣世职⑤。姑年七十余卒,姑之祖彬及父兄,皆死王事,母嫂守贞,姑更义著,乡人称为四忠三节一义之门。

【注释】 ①矢:发誓。②寻:顷刻,不久。③嫠:寡妇。④名阀:名门豪族。⑤嗣世职:继承祖父的官职。

【译文】 明朝人万义姑,名叫义颛。父亲名万钟,大哥叫万文,二哥叫万武,都替国家效力,战死沙场。家里只剩下继母曹氏和两个嫂嫂——陈氏和吴氏。吴氏怀孕已经有六个月了,义颛日夜祭拜天地祷告说:"万家就快要绝后了,希望上天能赏赐一个男孩,为忠臣之家延续血脉。如果真生了男孩,我发誓不嫁人,大家一起抚养这个孩子。"不久吴氏果然生了个男孩,给他起名叫万全,义颛和一班寡妇们一起呵护着他。有名门豪族来求婚,都被她拒绝了。她亲自教导万全读书,袭承了祖辈的官职。万义姑活到了七十多岁,她的祖父万彬,父亲和两个哥哥都为了国家大事而死,母亲和嫂嫂都保守贞操,万义姑的义气更是出了名,乡里人称他们是四忠三节一义的一家人。

九十二　沈张伏阙

束妻苦志妾亦安居
代夫请罪伏阙上书

【原评】 义矣哉！张氏之书曰："舅当垂死之年，夫无再生之日，愿以身代夫系狱。俾夫送父终年，仍赴狱待罪，庶臣夫得复见其父，少伸父子之情。臣以舅付托于夫，亦得全夫妇之义。"闻斯言者，能无动于中乎？

【原文】明给事中沈束妻张氏①,未有子,为置妾潘氏,偕诣京师,适束以抗疏下狱②,张谓潘曰:"汝年少,且与主君未识面,盍择所便③。"潘泣曰:"主君抗节,夫人又苦志,婢子独非人乎?"誓死不去。束故家贫,有田十余亩,岁入不足以养束父。张潘日夜勤女红④,备橐饘⑤。又自伏阙上书⑥,愿以身代束,以全夫妇之义。书奏不报⑦,久之,赦出。

【注释】①给事中:明制分设吏、户、礼、兵、刑、工六科给事中掌侍从规谏,稽察六部。②抗疏:谓向皇帝上书直言。③盍:何不。④女红:妇女从事的纺织、刺绣、缝纫等。⑤橐:口袋。饘:稠粥。⑥伏阙:拜伏于宫阙下。多指直接向皇帝上书奏事。⑦不报:不答复。

【译文】明朝时候,给事中沈束的妻子张氏,因为没有儿子,就给沈束买了一个小妾潘氏,和他一起到京城里去,正逢沈束因向皇帝上书直言而获罪被关进监狱,张氏就对潘氏说:"你年纪还小,并且和沈束还没见面,要不要留在这里,你依照自己喜欢决定吧。"潘氏哭着说:"老爷向皇上尽忠坚守节操,夫人您又苦苦地守节,难道只有我不是人吗?" 立下誓言,表示死也不会离去。沈束家原来就很贫苦,有十来亩耕田,每年的收成还不够养活沈束的父亲。于是张氏和潘氏日夜勤勤俭俭地做女工,才勉强吃得上粥。后来张氏又拜伏于宫阙下向皇帝上书,表示愿意自己代替沈束,以成全夫妇间的情义。皇上并没有回答她,过了很久,沈束才被放了出来。

九十三　张女抚辉

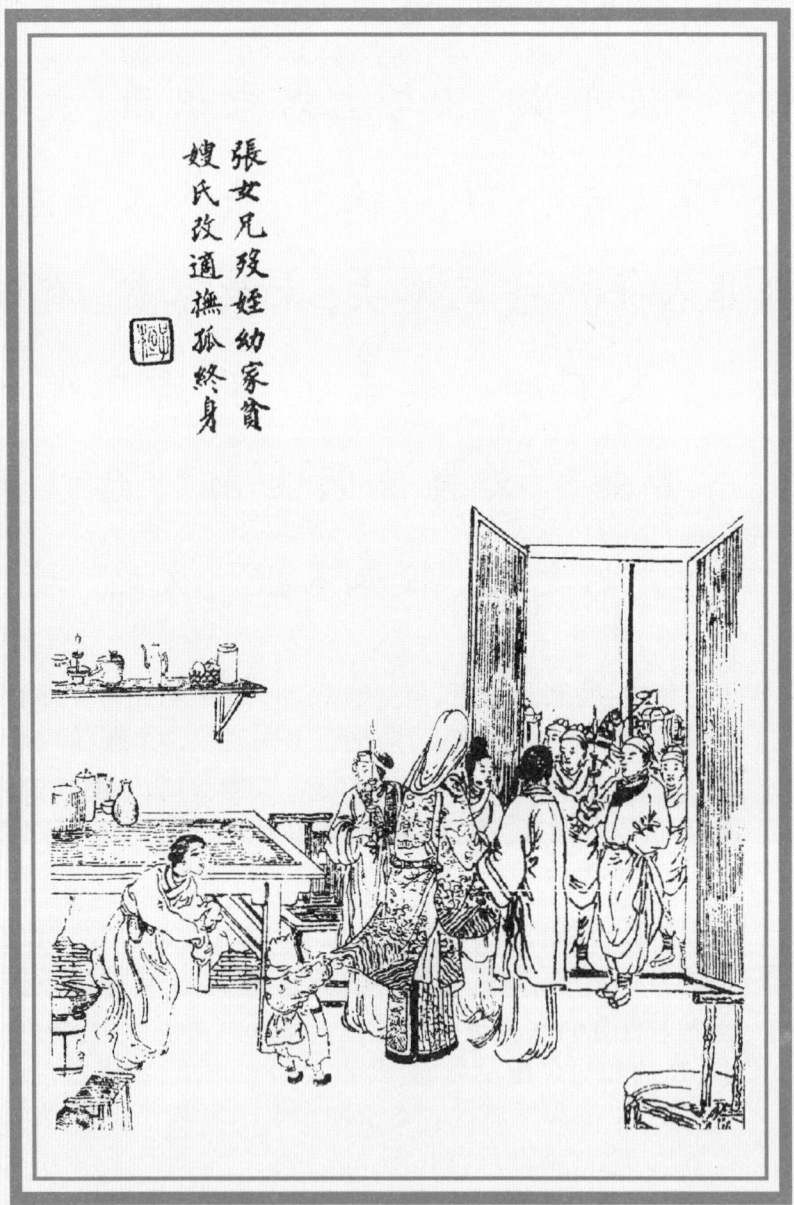

張女兄歿姪幼家貧
嫂氏改適撫孤終身

【原评】张女之处境苦矣。年仅十五，父母俱丧，兄又亡，侄又稚，家又贫，嫂又不安。危哉张氏之胤也！设非女之毅然决然，俾嫂改适，矢志不嫁，仗义存孤，安保其侄之不无或失耶？张女义且智矣。

九十三 张女抚辉

【原文】明张氏女,桂林人①,年十五。父母与兄俱亡,惟遗一侄名辉。年甫六岁,家无遗业,四壁萧条②,嫂刘氏不能安。女察刘氏难守,乃谓之曰:"兄不幸,遗孤惟辉,吾父母血胤系之也③。吾为张氏之女,义当为父母存孤,使胤毋绝,敢复累嫂长居贫哉?"刘氏遂改适④,女抚辉成立,不嫁以终。后辉之子孙,立女主于别室⑤,而世祀焉。

【注释】①桂林:广西省县名。今广西桂林市临桂区。②萧条:寂寥的样子。③血胤:血统。④改适:改嫁。⑤主:牌位。别室:正室以外的房间。

【译文】明朝时候,有个张家的女子,是桂林人,十五岁。她的父母和哥哥都去世了,只留下一个侄子名叫张辉。张辉年纪只有六岁,家里没有留下一点产业,家徒四壁,十分萧条,她的嫂嫂刘氏过不惯这样的日子,想改嫁。张氏女察觉到刘氏难以守节,就对她说:"哥哥不幸去世,只留下一个儿子,是我父母亲的血脉。我是张家的女儿,理应为我的父母抚养这个孤儿,让张家的血脉不至于断绝,怎么敢连累嫂嫂你一起过着贫苦的生活呢?"于是刘氏就出嫁了,张氏女独自抚养张辉长大成人,从始至终没有出嫁。后来张辉的子孙,就在另外的一间房子里立了张氏女的牌位,世世代代祭祀她。

九十四 翠梅甘虐

翠梅主虐
甘受不辭
終身以義
卒復葬之

【原评】翠梅有夫且有子,非穷无所归也。年三十七,其夫若子谓之曰:"吾等安事此茕茕者?"翠梅不忍,夫弃翠梅而别室,子亦自去,独翠梅以义故,终身甘之事之。卒复殓之葬之,其义尤足多矣。

【原文】明陆陈氏之婢翠梅，既嫁，敬事陈，依恋不去①。陈早寡，性严重，翠梅候颜色惟谨，应对稍失节，陈辄手批其颊②。后翠梅且老，而陈之虐性弗改，翠梅亦卒无愠色③。或怪而问之，翠梅曰："吾自幼受彼家养育，贫而弃之，如不义何？"或曰："彼虐如此，汝尚何恋？"翠梅曰："彼自行彼法，吾自尽吾心。"闻者惭服。陈亡，殓葬皆翠梅营之④。

【注释】①依恋：不忍离开。②批颊：打嘴巴。③愠色：怨怒的神色。④营：办理。

【译文】明朝人陆陈氏的侍女翠梅，嫁了人以后，仍很恭敬地服侍陈氏，依恋着不肯离去。陈氏早年就没有了丈夫，性格非常暴躁，翠梅察言观色，十分谨慎地伺候她，有时候应对得稍微慢了些，陈氏动辄就打她嘴巴。后来翠梅年纪大了，而陈氏暴虐的性格丝毫没有改变，翠梅也没有一丝怨怒的神色。有的人觉得非常奇怪，就去问她，翠梅说："我从小就受到她家的养育恩典，如果因为她贫穷了就离她而去，这跟不仁义有什么区别呢？"有的人说："她这样虐待你，你对她还有什么可留恋的呢？"翠梅回答道："她做她的，我尽的是我的心意。"劝她的人听了这话后觉得很惭愧，心里也很佩服她。陈氏死后，入殓安葬这些事情都是翠梅办的。

九十五　张霍守堡

霍氏守堡
奋勇当先
僮仆力助
宗族获全

【原评】襄阳有夫人城,而冀南乃有夫人堡。要皆忠义之气,集以守之耳。世之所以丧地失城者,虽未必尽出于自馁,而出于自馁者实多。彼避山谷者,卒被淫掠矣,独守堡者且全宗族,非集义所生者而何?

【原文】明张铨妻霍氏，冀南人①。流贼犯境，众议弃堡而去②，霍氏语其少子曰："避贼而出，家先不保，出而遇贼，身更不免。等死耳，死于家，不犹愈死于野乎？且我果坚守，则贼必不得志。"乃躬率僮仆③，助守御。贼至，环攻之④，堡中矢石并发，贼不能克，旋即引去。避山谷者多被淫掠，惟张氏宗族获全。副使王肇生表之⑤，曰夫人堡。

【注释】①冀南：即今河北冀州市。②堡：古代指土筑的小城。③僮仆：仆役。④环攻：围攻。⑤副使：指节度使或三司使等的副职。

【译文】明朝人张铨的妻子霍氏，是冀南人。当时流寇侵犯边境，大家商议准备抛弃小城逃走，霍氏对他的小儿子说："如果我们躲避盗贼逃了出去，自己的家园就先不保，逃在外面如果遇到盗贼，性命也不保了。反正都是一死，死在家里不比死在郊野外更好吗？况且如果我们坚守家园，那么盗贼一定不能攻破。"于是就亲自率领仆役，帮助防守。流寇来了，围攻小城，小城里发出了许多的箭和石头，盗贼不能攻破，就走了。而那些躲在深山野谷里的人大多被奸淫抢掠，只有张氏家族的人全部得以保全。副使王肇生命名那个堡为"夫人堡"，以此表彰霍氏的功劳。

九十六　薛门全义

薛氏全家
王事倥偬
彼侍婢兮
亦为义动

【原评】 忠孝节义，萃于一门，要之皆死义耳。父死子从，夫死妻从，姑死妇从，主死婢从。最奇者，次日诸尸浮水上，幼子在侍女怀中，两手坚抱如故。而其次女适人，避兵山中，亦同日赴火尽节，其母死女从乎。

【原文】明永历帝奔缅甸,昆明诸生薛大观叹息①,顾其子之翰曰②:"吾不惜七尺躯,为天下明大义,汝其勉之。"之翰曰:"大人死忠,儿当死孝。"大观曰:"汝有母在。"时其母适在旁,顾之翰妻曰:"彼父子死忠孝,而吾两人独不死节义耶?"其侍女方抱幼子,问曰:"主人皆死,何以处我?"大观曰:"尔能死亦善。"于是五人偕赴城北黑龙潭死。

【注释】①昆明:今昆明市。②顾:回头看。

【译文】明朝末年,永历帝逃往缅甸,昆明的一个秀才薛大观感叹明朝将灭,因此看着他的儿子薛之翰说:"我不惜牺牲自己的生命,为天下彰明大义,你应当勉励自己啊。"薛之翰说:"父亲您为了尽忠而死,做儿子的应该为了尽孝而死。"薛大观说:"你还有母亲在呢。"正巧此时薛之翰的母亲在旁边,就对薛之翰的妻子说:"他们两父子,一个为了忠死,一个为了孝死,我们两个人难道独不肯为了节义而死吗?"这时候有个侍女正好抱着孩子站在旁边,就问道:"主人们都死了,那我怎么办呢?"薛大观说:"你能够跟着我们一起死也是很好的。"于是五个人一起投到城北的黑龙潭里死了。

张飞断桥图